인천

D

대한민국 도슨트
한국의 땅과 사람에
관한 이야기

02

인천

이희환 지음

21세기북스

인천 행정 지도

인구 302만 5,720명(2019년 3월 기준)
면적 1,063.27㎢(2018년 12월 기준)
행정구분 8구 2군 1읍 19면 133행정동 (136법정동) 261행정리(2019년 기준)

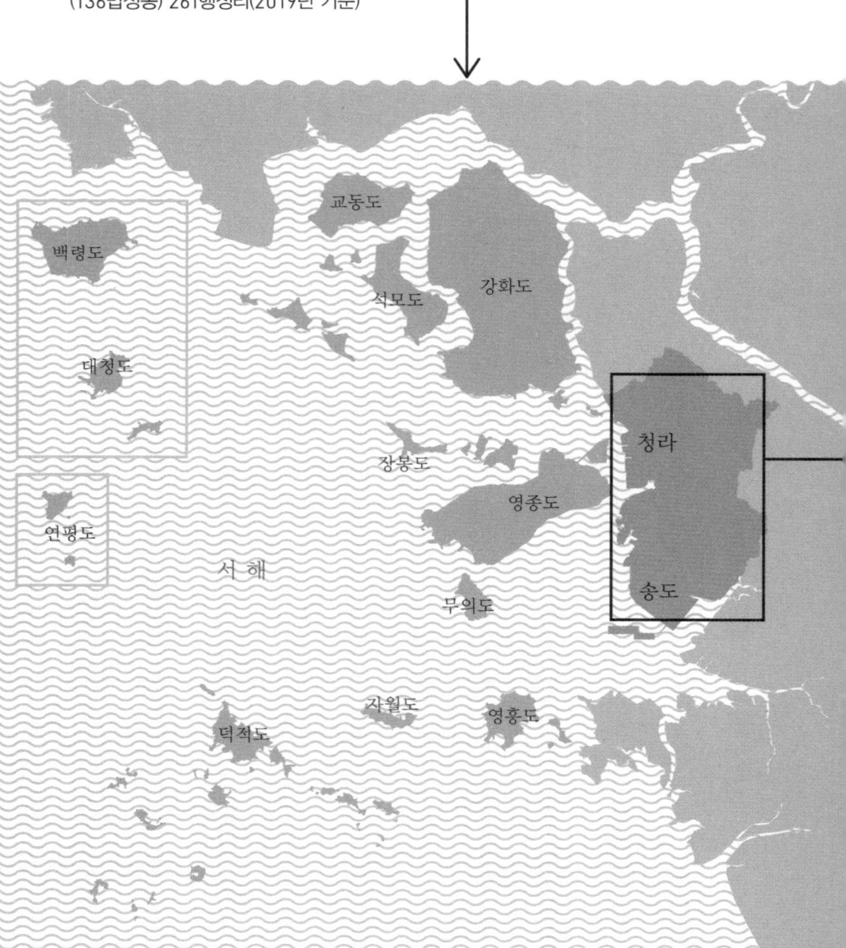

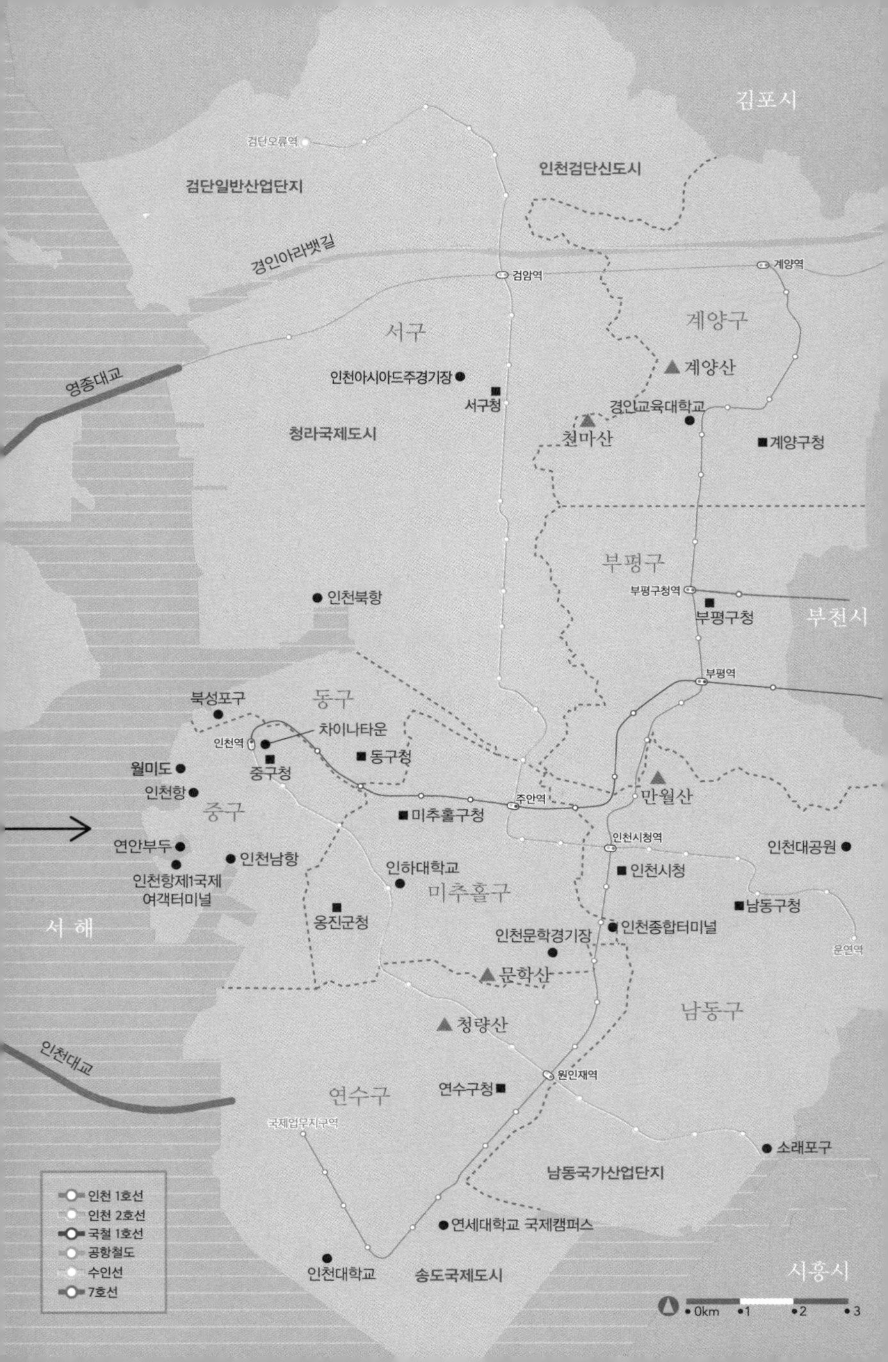

김포시

검단오류역

인천검단신도시

검단일반산업단지

경인아라뱃길

검암역

계양역

계양구

서구

계양산

인천아시아드주경기장

영종대교

서구청

경인교육대학교

천마산

청라국제도시

계양구청

부평구

부평구청역

인천북항

부평구청

부천시

부평역

북성포구

동구

차이나타운

인천역

동구청

월미도

중구청

인천항

주안역

만월산

중구

미추홀구청

인천시청역

인천대공원

연안부두

인천남항

인천항제1국제
여객터미널

인하대학교

인천시청

미추홀구

남동구청

서 해

옹진군청

인천종합터미널

인천문학경기장

운연역

문학산

남동구

청량산

인천대교

원인재역

연수구

연수구청

국제업무지구역

소래포구

남동국가산업단지

인천 1호선

인천 2호선

국철 1호선

공항철도

수인선

7호선

연세대학교 국제캠퍼스

인천대학교

송도국제도시

시흥시

0km 1 2 3

차례

시작하며

'인천 도슨트' 이희환

인천은 토박이들이 대대로 모여 살았던 도시가 아니라 이방인들이 들어오고 나가며 살아온 매우 개방적인 도시다. 사실 나도 인천에서 태어난 토박이는 아니다. 300만 명이 사는 대도시 인천에서 3대 이상 살았던 사람의 비율을 따져본다면 아마 10%도 되지 않을 것이다.

태어난 지 불과 50일밖에 안 된 나를 품에 안고 부모님께서는 충청도 서산의 어느 항구에서 배를 타고 대처인 인천으로 일자리를 찾아 오셨다고 한다. 그게 1960년대 중반이었으니, 내가 이 도시에서 살아왔던 것도 어느새 반세기가 훌쩍 넘었다. 6·25전쟁 후에는 황해도에서 월남한 사람들이 모여 살기 시작했고, 1960~70년대에는 산업화의 바람을 타고 주로 충청도에서 많은 사람이 인천으로 옮겨와서 살았다. 1980~90년대에는 다수의 전라도 사람들이 인천에 올라와 삶의 터전을 마련했다. 2000년대 들어와서는 인천의 도시개발이 본격화되면서 또다시 많은 사람이 몰려와서 지금은 서울, 부산에 이어 대한민국 제3의 도시로 성장했다.

어린 시절부터 인천에서 성장해서 대학과 군대 시절을 제외하곤 줄곧 인천에서 공부하고 일한 나에게 인천은 고향이나 다름없다. 학과를 전과해 인천에 소재한 대학원에서 한국

현대문학 전공으로 박사 학위를 받았다. 문학 연구와 더불어 인천의 도시 현안에 관심을 갖다 보니 인천의 역사와 문화에 대한 공부를 병행해 왔다. 그러다 보니 오지랖 넓게도 인천의 시민운동에도 참여하면서 인천 연구가 공부의 주요 대상이 되어버렸다. 인천은 이제 나에게 물질적으로 살아가야 하는 도시일 뿐만 아니라 도시 그 자체가 공부하고 연구해야 할 거대한 텍스트가 되었다.

인천은 이제 내게 툭탁거리며 싸우면서도 늘 붙어다닐 수밖에 없는 친구 같은 도시다. 인천을 알기 위해 공부하고 연구하고 멋진 도시로 만들기 위해 건네었던 편지 같은 글들을 책으로 묶기도 했다. 이것이 또 인연이 되어 대한민국 도슨트 인천편의 안내자가 되는 소중한 기회가 주어졌다. 시작할 때는 다양한 얼굴을 가진 인천으로 떠나는 인문학 여행을 보다 많은 분에게 가급적 재미있게 전달해보겠다고 다짐했다. 하지만 평소에 논문이나 칼럼으로 인천을 분석하고 제언하는 글을 쓰는 데 치우치다 보니, 인천이라는 근대도시가 품고 있는 속살 깊은 이야기들을 제대로 소개하지 못한 것 같은 아쉬움이 남는다. 이 책에 소개한 인천의 여러 장소는 인천이 간직하고 있는 인문학적 도시사의 극히 일부분에 지나지 않는다. 지금도 급격하게 변모하는 인천을 만나고 이해하는 곳으로 우선 먼저 추천하는 장소들이다. 이 장소들에서 인천이라는 도시와 첫인사를 나누고 친구가 되어보시길 독자들께 감히 추천드린다.

지금으로부터 136년 전인 1883년, 한적했던 제물포라는 포구가 세계를 향해 열리면서 한국의 역사는 전통시대와 단절된 근대의 시간 속으로 빨려 들어갔다. 조선왕조의 왕도 한성 바로 앞에 위치한 인천항이 개항하면서 비로소 한국은 세계와 마주하게 됐다. 인천은 이 새롭고 두려운 역사가 펼쳐지는 생생한 현장이자 거대한 실험실이었다. 일제강점기를 거쳐 8·15해방과 6·25전쟁, 산업화와 민주화의 역사적 흐름 속에서 인천은 숨 가쁘게 역사의 주요한 현장으로 자리해왔다. 개항 이후 오늘날에 이르기까지 인천에서 펼쳐진 역사의 거대한 흐름과 변화의 물결은 인천의 도시 공간 곳곳에 남아 오늘의 인천을 형성하는 질료가 되었고, 인천다운 미래를 설계할 소중한 자양분으로 발효할 것이다.

근대 이후 거대한 역사의 실험과 모험이 펼쳐졌던 인천의 장소들, 그 장소들이 우리에게 던지는 인문학적 질문들. 이 책은 이를 전달하기 위해 썼다. 그리고 또 하나 시민들이 가진 '도시에 대한 권리(the Right to the City)'를 적극적으로 알리고 싶었다. 인천이 나와 같은 중년의 인천 사람들과 아이들이 떠나지 않고 살아갈 수 있는 성숙한 도시가 되기를 바라는 마음이 조금이라도 독자 여러분께 전달된다면 더할 나위 없겠다. 인천은 나의 도시이자 우리 모두의 도시이기 때문이다.

인천에서 이희환

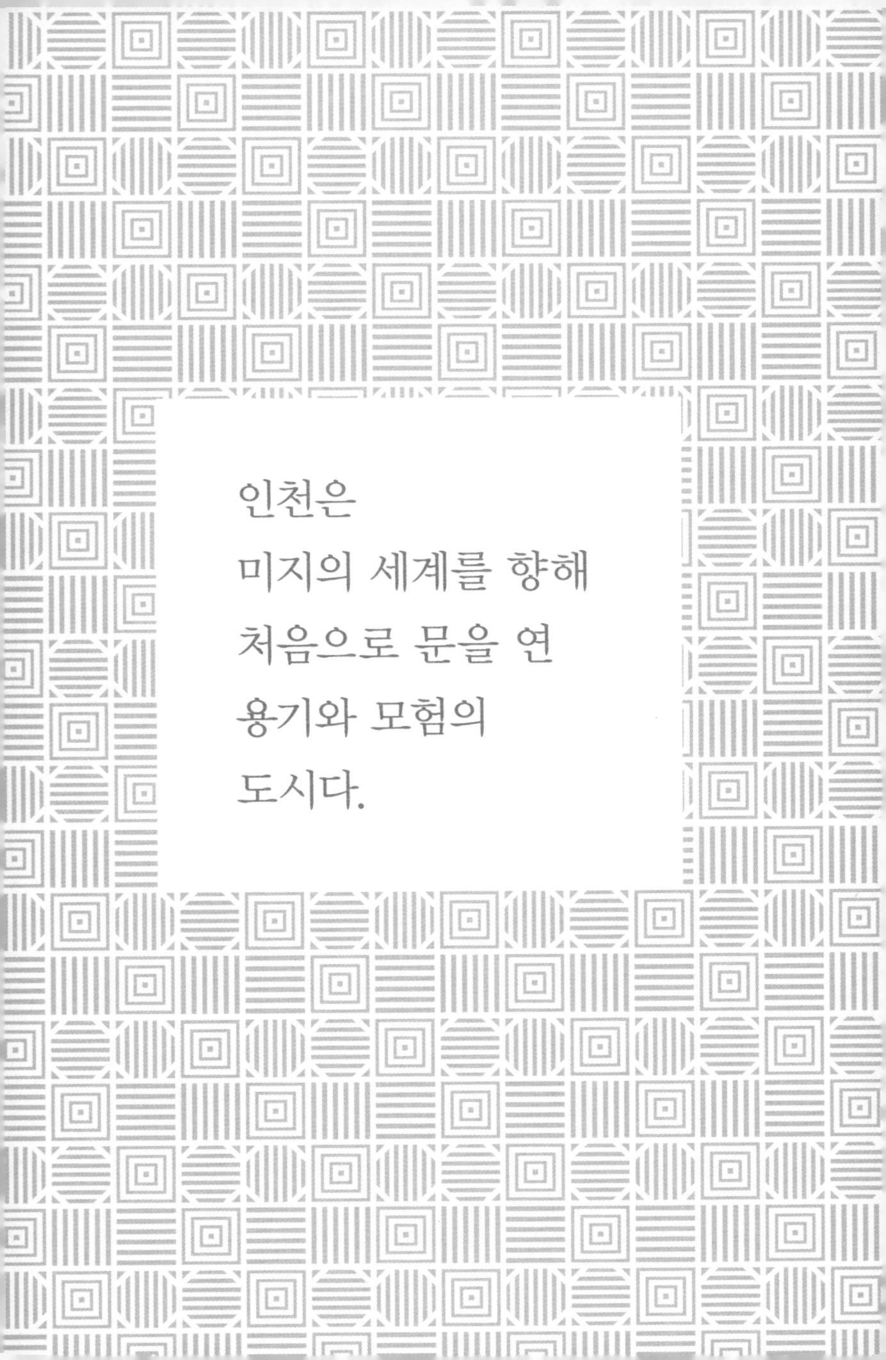

인천은
미지의 세계를 향해
처음으로 문을 연
용기와 모험의
도시다.

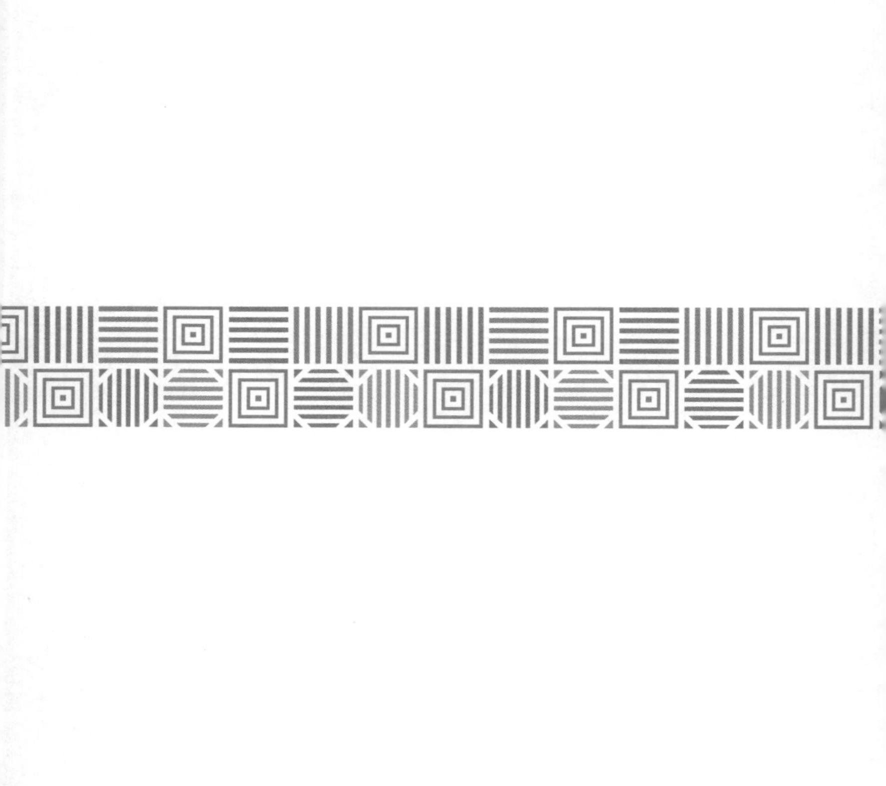

근대를 향한 거대한 실험실 인천

인천만큼 모든 세대에게 다양하고 변화무쌍한 이미지를 각인시킨 도시가 또 있을까? 70대를 넘긴 사람들은 '인천' 하면 우리 민족의 분단과 연관된 한국전쟁이나 인천상륙작전을 떠올린다. 노년에 접어드는 50대는 인천에 있던 열악한 공업단지에 대해 이야기한다. 일반열차에 비해 궤도가 좁았던 협궤열차를 타고 가 소주잔을 기울이며 회를 먹었던 소래포구를 말하기도 한다. 반면 젊은 세대는 최첨단의 도시 외관을 자랑하는 송도나 디스코팡팡으로 대표되는 월미도에서 인천을 만난다. 그보다 어린 학생들은 엄마, 아빠와 나들이 삼아 간 차이나타운과 짜장면에 대해 조잘거린다.

모든 세대에게 각각의 기억을 남겨준 도시 인천. 여러 이미지를 만들 수 있었던 것은 각 세대를 대표하는 사건에 인천이 빠지지 않았기 때문이다. 인천이 이토록 여러 각도에서 역사에 흔적을 남길 수 있었던 배경에는 도시의 위치가 한몫했다. 인천은 우리나라의 서쪽 해안, 그것도 가장 중요한 강인 한강 하류와 맞닿는 곳에 있다. 게다가 과거에는 문화 선진국이었고 현재는 중요한 경제교류국인 중국과 마주보고 있다. 위치만 봐도 모든 역사적 순간에 등장할 수밖에 없다는 사실에 고개를 끄덕이게 된다.

인천의 땅 모양새는 올록볼록 예쁘다

인천의 지형은 강원도나 경상북도처럼 험한 산지가 없어 대체로 평탄하지만 광주산맥의 끄트머리를 장식하고 있어 야트막한 산지가 여기저기에 흩어져 있다. 그 모양새는 흡사 밥숟가락으로 밥을 퍼 평탄한 밥상 위 이곳저곳에 뒤집어놓은 것과 같다. 이런 지형을 잔구성 또는 구릉성 산지라고 한다. 이 특징이 뚜렷한 곳은 인천 북부의 계양산에서 철마산, 만월산, 거마산, 관모산으로 이어지는 지역으로, 현재 부평과 인천을 S자로 가르는 경계 역할을 한다.

산으로 이루어진 땅이 아무리 예뻐도 항구도시 인천에서는 바다를 빼놓을 수 없다. 우리나라는 동쪽의 높은 산맥이 서쪽으로 내달리며 낮아지는 모양인데, 신석기 무렵 빙하가 녹으며 산맥의 아래쪽 지형이 바닷물에 잠기게 되었다. 그 덕에 깊은 바닷속 지형은 경사가 낮은 평탄한 면이 이어지지만, 울퉁불퉁한 산지가 바닷속으로 잠기는 바람에 서해안 지형은 매우 복잡하다. 빙하기 때 존재했던 산맥의 봉우리였을 지형들이 중간중간 봉긋 솟아 섬으로 남아 있기도 하다.

인천은 바다를 앞에 두고 있어 안개가 끼는 날이 많지만, 우리나라 중위도 지역에서 일반적으로 나타나는 것과 비슷한 날씨가 이어진다. 여름과 겨울의 기온차가 심한 편이고, 강수량도 여름에 집중된다. 조금 특이한 점은 다른 지역에 비해 겨울철 북서쪽에서 불어오는 바람의 영향을 강하게 받는다는 점이다. 이런 이유로 같은 위도에 있는 동해안 지역의 도시보다 겨울 기온이 낮다는 특징이 있다.

갑문, 인천 발전의 수문을 열다

밀물과 썰물의 차이가 큰 인천 앞바다의 높이는 크게는 10m까지 차이가 난다. 썰물 때면 드넓은 갯벌이 펼쳐져 풍부한

자원을 얻을 수도 있지만, 수면의 높이가 낮아 항구가 만들어지기가 매우 어렵다. 밀물 때에나 배가 해안 가까이 들어올 수 있기 때문이다.

그래서 인천항은 항구를 외항과 내항으로 구분했다. 육지 쪽의 내항과 바다 쪽의 외항으로 나누어 밀물과 썰물로 인한 수위 차를 극복하려 한 것이다. 문제는 내항 수면의 높이가 배가 정착할 수 있도록 일정하게 유지되어야 하고, 썰물 때에도 배가 외항을 넘어 내항까지 들어올 수 있어야 한다는 점이다.

이를 해결하기 위해 인천항에 설치한 특수한 항구 시설이 갑문식 독(dock)이다. 인천항은 내항과 외항을 연결하는 운하처럼 좁은 수로를 만들고 여기에 갑문을 설치했다. 1918년 지금의 인천항 1부두에 최초의 갑문을 만든 이후, 1974년에는 1부두에서 8부두까지 확장하고 대규모의 갑문식 독을 만들었다. 인천항은 일정한 수위를 유지할 수 있게 되었고, 그 덕에 인천은 빠르게 발전할 수 있었다. 갑문 건설 후 인천항의 내항에는 5,018m나 되는 안벽이 건설되어 최대 5만 톤급의 선박이 안전하게 머물 수 있게 되었다. 당시 인천항에 설치된 갑문은 동양 최대의 크기를 자랑할 정도로 거대한 시설

인천광역시립박물관 제공

인천항 1부두에 설치한 최초의 갑문 인천의 바다는 수심이 낮아 썰물 때 배가 들어오기 어려운 단점이 있었다. 이를 해결하기 위해 설치한 것이 갑문식 독이다. 위의 사진은 1918년 지금의 인천항 1부두에 최초로 만들었던 갑문의 모습이다.

물이었다.

과거 인천은 드나듦이 복잡한 해안선을 매립해 땅으로 만드는 간척사업을 활발하게 벌였다. 인천의 해안선 중 90% 이상이 인공적인 해안이라고 하니, 매립이 얼마나 많이 이루어졌는지 알 수 있다. 지금도 인천은 항로를 오가는 배들이 안전하게 출입할 수 있도록 바다 밑에 퇴적되는 흙을 퍼올리는 준설공사를 지속적으로 이어오고 있다. 준설토를 해안에 쌓아놓다 보니, 인천의 땅도 계속 넓어지고 있다. 땅도 늘어나고 인구도 늘어나고 있는 도시 인천은 최근 갯벌의 가치가 어마어마하다는 것을 알게되면서 갯벌 보전에도 엄청난 힘을 쏟고 있다.

정미업부터 군수공장까지, 공업도시 인천

인천이라는 도시가 지속적으로 성장하고 있는 이유는 서울의 관문으로서 큰 역할을 해왔기 때문이다. 그 관문 역할을 할 수 있었던 데에는 교통수단이 끼친 영향이 크다. 예부터 서울과 인천은 '경인지구'라 불릴 정도로 밀접한 관련이 있다. 출퇴근 인구뿐 아니라 상업, 공업, 유통 등 모든 분야가 서로 얽혀 있다. 특히 공업 면에서는 일제강점기부터 '경인공업지구'가 조성되어 지금까지도 활발한 산업활동을 펼치고 있다.

인천에서 근대적 의미의 산업이 발달하기 시작한 때는 조선이 개항을 하고 서울과 인천 사이에 우리나라 최초의 철도인 경인선이 놓인 1899년이다. 철도가 놓이기 전에는 서울에서 출발해 양화진에서 배를 타고 한강을 건넌 후 육로를 이용해 부평을 지나 인천으로 갈 수 있었다. 그렇지 않으면 한강 하류와 서해를 이용한 바닷길을 이용해야 했으니 어려운 이동 경로였다.

처음 경인선은 지금의 인천역에서 노량진까지만 달렸다. 그래도 1시간 40분 만에 목적지에 갈 수 있었으니 당시에는 놀라운 시간 단축이었다. 다음 해에는 철도가 한강을 넘어 현재의 서울역까지 연장되었다. 철도 덕분에 인천에 내려진 화물은 두 시간 안에 서울에 도착할 수 있게 되었다. 이렇게 오랫동안 핵심적인 교통시설로 자리 잡았던 철도도 새로운 교통수단 앞에서 빛을 잃고 말았다. 1968년 서울과 인천 사이에 경인고속도로가 뚫린 것이다. 고속도로가 산업 물자를 나르는 주요 수송로가 되면서 철도는 사람을 실어 나르는 전철이 되었다.

경인선 철도로 서울과의 접근성이 향상되었다면 인천과 수원 사이에는 1930년대 후반 수인선이 뚫렸다. 새로운 철도가 놓이면서 인천과 경기도 남부 지역 간의 접근성도 상당히 좋아졌다. 수인선은 물류량을 고려해 협궤열차로 만들어졌다. 지금의 전철과 같은 형태의 좌석이 놓인 협궤열차는 승객들이 마주 앉은 채 서로 팔을 뻗으면 손이 닿을 정도로 폭이 좁았다. 협궤열차가 다니던 수인선은 차츰 이용이 줄어 1995년에 사라졌다. 그러다 수도권 지역의 발전을 위해 수인선 재가설의 필요성이 대두되면서 2012년에 현대적 모습으로 다시 돌아왔다.

이런 역사적 배경으로 인천의 공업이 어떤 분야에서 시작되었을지 짐작할 수 있다. 해운과 교통의 발달은 인천의 운수업과 항만업 발전에 기여했고, 나아가 항만으로 들어오는 자원을 가공해 판매하는 경공업 공장 구축에도 영향을 미쳤다. 간장공장이며 비누공장, 성냥공장들이 해안가로부터 내륙에도 하나둘씩 들어서기 시작했다. 아울러 근대적 제염기술의 발전으로 인한 염전업이 성행했고, 쌀을 수출입하는 과정에서는 정미업이 규모를 키웠다. 공업의 발달은 사람을 불러들이게 마련이다. 땅을 잃고 기술도 없는 가난한 사람들은 몸 하나에 의지해 인천으로 들어와 부두 막노동자나 정미소 노동자로 일했다. 이와 함께 늘어난 노동자를 상대로 하는 선술집, 음식업, 유흥업 등도 번성했다.

1930년대에 해안가에는 방직공장과 제분공장이 들어서고, 부평에는 일본 육군조병창을 필두로 하는 군수공장들이 세워졌다. 1940년대에는 비료공장과 화학공장이 생기면서 공업도시의 이미지를 본격적으로 구축하기 시작했다. 해방 직전 일제가 국가총동원법을 부르짖을 무렵, 인천은 정미업과 군수공업을 두 축으로 하는 공업 구조를 이루고 있었다. 하지만 6·25전쟁을 거치며 인천의 공업 시설은 철저히 파괴되는 위기를 겪어야 했다.

6·25전쟁 이후 우리나라가 산업화로 치달을 무렵, 인천의 공업 구조는 상당 부분 바뀌게 되었다. 정미소는 더 이상 인천을 대표하는 공업이 아니었다. 유리공장을 비롯해 현대화된 다양한 공장들이 이곳저곳에 생겨나면서 공장 터는 날마다 늘어갔다. 주안 지역에 넓게 자리 잡은 염전도 공장 터로 바뀌었으며 해안 지역을 메운 땅에도 공장이 속속 들어섰다. 인구도 빠르게 증가해 1980년 인천시 인구는 100만을 넘어섰고, 급기야 다음 해인 1981년에는 직할시로 승격되었다.

현재 인천의 역할 중 주목해야 할 부분은 중국과의 교류이다. 1990년대에 급격히 늘기 시작한 대 중국 무역으로 인해 인천항의 시설도 크게 확장할 필요가 있었다. 인천 내항 외에 북항과 남항을 개발하기 위한 공사에 착수해 2000년대 초에 공사가 마무리되었다. 현재 북항은 주로 무역 화물을 처리하고, 남항은 인근 지역과의 교류나 중소형 화물이 드나드는 곳으로 쓰이고 있다. 1999년에 인천 내항에는 국제여객터미널이 생겨 중국과 우리나라를 오가는 카페리가 빈번하게 운행되고 있다.

고대부터 현재까지 한반도 교류의 핵심지

바닷가 도시 인천에서는 선사시대 유적 또한 여럿 발견되었다. 이곳이 수렵이나 채집, 어로가 편한 지역이었던 모양이다. 역사시대에 들어 인천이 처음으로 기록에 등장한 것은 백제 건국 설화가 담긴 『삼국사기』로 본다. 백제 건국 설화에 따르면 주몽의 아들 비류와 온조는 주몽의 친아들인 유리에게 왕자 자리를 내어주고 어머니 소서노와 함께 새로운 나라를 세울 땅을 찾아 남쪽으로 길을 떠났다. 동생 온조는 한강 어귀에 정착해 위례성을 세웠고, 형 비류는 교류가 쉬운 바다가 있는 곳이 중요하다고 판단해 더 나아가 미추홀에 정착했다. 그 미추홀이 지금의 인천이다.

온조가 도읍으로 정한 한강 유역에서 백제는 꾸준히 힘을 키웠다. 고대 사회에서 나라의 발전에 큰 역할을 했던 것은 중국과의 교류였다. 당시 아시아의 초강대국이었던 중국과 꾸준히 교류해 앞선 문명을 받아들여야만 한반도의 작은 나라도 발전할 수 있었다. 그런 의미에서 백제는 유리한 위치에 있었다. 서해를 사이에 두고 중국과 마주 보고 있었으니 교류에 있어서는 천혜의 지역이라고 할 수 있다.

중국을 향해 출발한 백제 사신은 지금의 송도유원지 위쪽에 있는 능허대에서 배를 탔다. 현재 능허대 주변은 건물이 빼곡히 들어서고, 해안가도 개발되어 그 흔적을 찾기 어렵다. 그러나 능허대는 삼국시대부터 인천이 국제 무역항으로서 그 기능을 다하고 있었다는 것을 말해주는 역사적 장소다. 백제는 능허대를 통해 바다 건너 중국의 동진, 북위 같은 나라들과 교류하며 발전을 거듭할 수 있었다.

바다를 봉쇄하면서 내내 침체했던 조선시대를 거쳐 인천이 다시 역사의 무대 전면으로 등장한 때는 조선이 문을 연 개항기이다. 조선은 일본과 강화도조약을 맺고 세 개의 항구를 열기로 했는데, 그중 하나가 인천이었다. 인천은 부산과 원산보다 한참 뒤쳐진 시기에 문을 열었는데, 수도인 한성과 가까워 최대한 개항을 늦추려 했기 때문이다. 밀물을 타고 바다를 넘어 한강에 닿으면 하루 만에 한성에 당도할 수도 있었으니 조선 입장에서는 왕조와 나라의 안전을 위해 인천항의 개항을 최대한 늦출 수밖에 없었다.

1876년 강화도조약으로 문을 연 조선은 1882년에는 청국의 권유로 미국, 영국, 독일 등 서양 여러 나라와도 조약을 맺었다. 급격한 문호개방과 개화정책의 실시로 기존 질서가 흔들리는 것에 불안감을 느낀 수구파와 일부 민중들은 '개화'라는 것을 탐탁지 않게 생각했다. 일본의 압력에 따른 조선 정부의 급격한 개화정책은 구식 군대를 차별하고 신식 군대를 우대했고, 이에 구식 군대의 불만이 이만저만이 아니었다. 1년 가까이 구식 군대의 급료가 밀리고, 밀린 급료로 받은 쌀에 모래가 섞여 있자 구식 군대는 대원군을 앞세워 임오군란을 일으켰다. 이 봉기는 단지 구식 군대의 불만 표출로 끝나지 않았다. 모든 문제의 원인이 개화에 있다고 판단한 수구파와 군인들은 일본공사관을 습격했고 개화에 반대하는 외침이 한성을 휩쓸었다.

당황한 조선 정부는 청에 도움을 요청했고, 인천항으로 청나라 군대가 들어왔다. 호시탐탐 기회를 노리던 일본도 급히 군대를 출병시켰다. 임오군란 수습에 도움을 주었다는 핑계로 청과 일본은 조선에 배상을 요구했고, 이와 관련된 조약을 인천에서 맺게 되었다. 이 조약이 바로 제물포조약이다. 1883년 1월 개항한 인천은 이제 근대화라는 도도한 물결을 맨 앞에서 맞는 문이 되었다. 이는 수도의 외항인 항구도시가 겪어야 할 운명이었을지도 모르겠다. 이후 1945년 해방을 맞이하는 그날까지, 인천은 조선의 각종 물자가 일본으로 빠져나가고 또 일본의 신문물이 들어오는 관문 역할을 했다. 아픈 역사를 견디며 근대라는 미지의 세계를 준비하는 거대한 실험실이 된 셈이다.

한국전쟁이 낳은 반공의 도시

1950년 6월 25일, 한국전쟁이 발발했다. 38선에서 얼마 떨어지지 않은 인천은 해상과 육상을 통해 큰 전란의 피해를 입었다. 이 시절, 한반도에서 멀쩡한 도시를 찾기란 힘든 일이지만 인천은 육상과 해로로 전쟁의 참화를 직접적으로 받아 그 참상이 몹시 심각했다. 1950년 6월 28일 서울이 인민

군에 의해 점령된 뒤 미군은 인천을 중요한 지역으로 여겨 집중 폭격했다. 인천은 그야말로 쑥대밭이 되었다. 이후 미군은 전세를 한번에 역전하기 위해 기습적인 인천상륙작전을 대대적으로 감행했다. 그렇게 인천은 전쟁의 참화를 가장 크게 입은 도시가 되었다.

한국전쟁은 인천이라는 도시에 강렬한 전쟁의 기억을 남겼다. 한국전쟁의 참상을 이념적으로 승화시키는 인천상륙작전을 기념하는 도시가 되었고, 그렇게 승리의 기억이 아로

맥아더 장군 동상 한국전쟁 당시 인천상륙작전을 주도했던 맥아더 장군을 기리기 위한 동상이 1957년 인천 자유공원에 세워져 지금까지 남아 있다.

새겨졌다. 전쟁은 인구 구성에도 큰 영향을 미쳤다. 휴전선과 가까웠던 인천으로 북한 주민들이 많이 들어왔기 때문이다. 특히 황해도 출신이 많았다. 이들은 철저한 반공을 주장하였으며 서로 뭉치기 시작했다. 분단 내내 인천은 개항의 이미지를 넘어 반공의 도시가 되었다. 여기에 1960년대부터 추진된 공업화정책으로 충청도, 전라도 사람들이 대거 몰려들었다. 그렇게 인천은 팔도 사람들이 모여 사는 파란만장한 도시가 되었다.

인천을 구성하는 여섯 개의 문화권

현재 인천의 모습은 모자이크와 같다. 인천은 몇 개의 문화권으로 나뉘어 서로 조화를 이루며 움직이고 있다. 도시를 몇 가지 특징에 따라 구분하는 것은 잠정적이고 유동적일 수밖에 없다. 예측할 수 없을 만큼 빠르고 급격하게 변하고 있기 때문이다. 그럼에도 여섯 개의 문화권을 들여다보면 머릿속에는 자연스레 인천이라는 도시의 그림이 그려진다.

지금의 미추홀구와 남동구의 일부에 해당하는 문학산 주변 지역을 '원인천 문화권'이라 부른다. 역사를 통틀어 가장 오랫동안 인천의 중심지 역할을 해온 곳이라 할 수 있다. 개항 이후 일본 세력에 의해 제물포가 중심 지역으로 개발되면서 이곳은 오랫동안 쇠락했다. 한때 이 지역의 중심인 문학산 정상에 미사일 부대가 똬리를 틀고 있었으나, 미사일 부대가 영종도로 이전하고 2015년경부터 시민들에게 개방되어 점차 역사성을 회복하고 있다. 1990년대 들어서는 인천

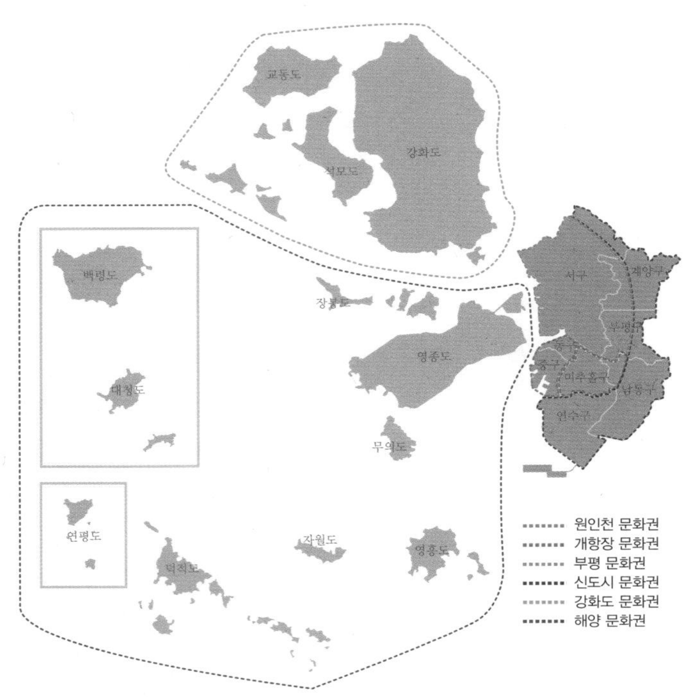

광역시청이 남동구 구월동으로 이전하고, 상업 시설이 들어서면서 기운을 회복하였다. 여기에 2002년 한일 월드컵을 치르기 위해 문학산 언저리에 문학경기장이 건설되면서 원인천 문화권은 120여 년 만에 인천의 중심지로 다시 부상하고 있다.

또 다른 문화권은 '부평 문화권'으로 계양산과 그 주변의 평야지대가 속한 곳이다. 1900년에 경인철도가 달리게 되면서 부평역 근처는 새로운 중심지가 되었다. 하지만 근처에 새로운 근대도시가 만들어지면서 부평 문화권도 역사적으로 공간적 단절을 겪어왔다. 오늘날에는 계양구와 부평구로 행정구역이 분리되었고, 서울과 인접하다는 이유로 인구가 계속 늘고 있다. 3기 신도시 개발도 추진될 예정이다. 계양산과 철마산, 만월산, 거마산, 관모산으로 이어지는 산록을 경계로 인천역과 나뉜 부평 문화권의 독자적 삶은 계속 이어질 것이다.

지붕 없는 박물관으로 불리는 '강화도 문화권'은 고인돌로 대표되는 선사시대부터 강화도조약이라는 개국 조약의 이름에서 알 수 있듯, 근대사에 이르기까지 한국의 모든 역사 흔적을 간직하고 있는 곳이다. 어느 지역보다도 유서 깊은 역사가 있고, 역사의 굽이굽이를 잘 보여주는 문화유산이 풍부하다. 행정구역상 인천에 속하지만 강화는 인천과는 구별되는 독자적 문화가 강한 지역이다. 역사문화유적뿐만 아니라 세계 3대 갯벌 중 하나인 강화남단갯벌을 비롯하여 저어새 보호구역 등 독특한 자연유산도 풍요한 곳이다.

1883년의 개항과 함께 개항장이 형성된 인천 중구와 월미도, 그 주변 지역인 동구 일대는 '개항장 문화권'이라고 할 수 있다. 이곳은 우리나라에 근대문물이 들어온 과정을 생생히 간직한 곳이다. 우리나라가 일제의 식민지로 넘어간 이후 일본인들이 들어와 집중적으로 모여 산 곳이 현재의 중구 지역이다. 한국의 근대사를 선도한 역사문화공간이라는 의미와 동시에 침탈이 이루어진 식민지공간이라는 이중성을 같이 간직하고 있다. 현재는 이 역사성을 바탕으로 관광지역으로 급부상하고 있다.

해양도시 인천에서 빼놓을 수 없는 문화권이 바로 '해양문화권'이다. 인천의 정체성 자체가 바다에서 오는 것이니만큼 해양 문화야말로 인천 문화의 핵심이다. 인천의 바다와 면한 연안지역과 함께 옹진군에 속하는 백령도, 연평도, 덕적도, 굴업도 같은 섬들을 비롯하여 지역 내의 크고 작은

168개 섬들은 인천만이 보유하고 있는 소중한 해양 자산이자 미래 자산이다. 21세기 해양 시대를 앞두고 인천의 해양 문화권을 어떻게 발전시키느냐에 따라 인천의 미래도 크게 달라질 것으로 보인다.

젊은 세대에게 인천의 이미지로 각인된 지역은 '신도시 문화권'이다. 연수 지역과 소래포구 지역이 급속하게 개발되면서 이루어진 문화권이다. 과거 인천의 외곽 지역이던 곳이 도시 개발 사업과 재개발 사업으로 새로운 모습으로 탈바꿈했다. 송도국제도시와 청라국제도시, 영종국제도시 등이 미래형 신도시로 개발되면서 글로벌한 새로운 근대도시문화가 다양하게 진화하고 있다.

과거 한때 서울의 수요를 충족시키기 위한 공업도시나 항구도시 정도로 여겨졌던 인천은 이제 서울로부터 독립해 인천만의 앞날을 설계할 수 있을 정도로 성장했다. 인구나 산업 기반도 탄탄하지만 역사나 문화적으로도 깊이를 간직한 도시로서 풍부한 자산을 보유하고 있다. 남북 분단의 상처를 딛고 한반도의 평화로운 미래를 선도하는 도시로 나아가는 인천. 동북아시대를 비상할 새로운 해양거점도시로 성장할 인천의 미래가 눈부시다.

01 월미도

한국 근현대사의 영욕과 함께한 섬

월미도는 해양도시 인천에서 바다를 느낄 수 있는 몇 안 되는 장소이다. 바닷가 옆으로 조성된 문화의 거리에는 횟집이며 카페들이 줄지어 들어서 있고, 해안가를 따라 걸어가다 보면 오가는 여객선과 화물선을 만날 수 있다. 월미도의 한가운데 위치한 월미산 일대에는 공원이 조성돼 있어 많은 시민이 휴식을 즐기거나 산책과 운동을 한다. 월미도는 인천의 대표 관광지이자 시민들의 생활공간이다.

열강들의 전략적 요충지였던 섬

지금은 매립돼 섬 아닌 섬이 됐지만, 원래 월미도는 어촌 마을이 자리 잡은 인천 앞바다의 한적한 섬이었다. 이 한적한 섬은 강화도조약의 체결로 격변의 역사를 맞게 된다. 기구한 운명은 월미도라는 섬의 이름을 빼앗긴 데서 시작된다. 1866년 프랑스는 대원군의 천주교 박해에 항의하기 위해 조선에 군함을 파견했다. 로즈 제독이 이끄는 프랑스 함대는 인천 앞바다에 당도하여 한성으로 들어갈 항로를 탐사하면서 월미도를 발견하고 해도에 함대 사령관의 이름을 따 '로즈섬(Roze Island)'이라 적었다. 이후 서양 세력들은 조선 지도를 제작할 때 '월미도'라는 지명 대신 '로즈섬'이라고 이름 붙였다. 그 때문에 월미도가 한때 '장미섬'이라고 잘못 알려지기

인천광역시립박물관 제공

1918년에 제작된 인천 지도(월미도의 옛모습) 현재 매립돼 육계도가 되었지만 바다를 사이에 두고 인천 내륙과 떨어져 있는 월미도를 확인할 수 있다.

도 했다. 그렇다고 월미도가 '달 월(月)', '꼬리 미(尾)'라는 한자 뜻대로 달꼬리를 닮아서 명명된 것도 아니다. 조선의 고지도에 월미도가 '얼도', '얼미도', '어을미도' 등 다양한 명칭으로 표기된 것으로 보아 뜻 없이 소리만 본떠 지은 이름일 것이다.

해안을 측량하며 해도를 작성해 조선 공략에 나선 일본을 비롯한 제국주의 세력들은 조선 침략의 발판으로 제물포, 즉 오늘날의 중구 해안 일대를 강제로 개항시켰다. 이후 월미도를 서로 차지하기 위해 각축을 벌였다. 밀물과 썰물의 수위 차가 큰 제물포항 바로 앞의 섬 월미도는 제물포 개항장 일대를 조망하기 좋은 장소일 뿐 아니라 커다란 이양선을 접안해 연료를 공급하는 기지로 삼기에 최적지였기 때문이다.

뒤늦게 월미도의 중요성을 자각한 조선 정부는 1879년에 월미산 정상에 포대를 설치해 나름대로 열강들의 침탈에 대응하고자 했다. 그러나 때는 이미 늦어서 1891년 일본의 요구에 따라 월미도를 일본에게 내어주고 만다. 일본은 부산 절영도에 이어 월미도에 일본군의 두 번째 석탄 저장고 기지를 만들었다. 일본에 뒤이어 청나라도 월미도에 석탄 창고를 만들어 일본과 세력을 다퉜다.

1894년 청일전쟁이 발발하자 일본군은 무단으로 월미도와 인천에 상륙했다. 청일전쟁에서 예상과 달리 청나라가 패하고 조선에서 물러나자 이윽고 러시아가 제물포에 영사관을 짓고 세력을 확장했다. 1896년 고종황제가 서울의 러시아 영사관에 피신한 아관파천(俄館播遷)을 틈타 러시아는 조선에서의 세력 확장을 도모하고 월미도 서남단에 러시아 해군의 석탄 저장고를 마련했다. 또 1897년에는 미국의 스탠더드 석유회사(Standard Oil Co.)도 월미도의 가옥과 전토 일부를 매입해 대형 석유 저장고를 건조했다.

이처럼 월미도는 청과 일본, 러시아와 미국 등 강대국의 조선 공략을 위한 전략적 요충지로 조차되고 분할되는 오욕을 겪었다. 결국 1904년 2월 9일 '제0차 세계대전'이라 불리는 러일전쟁의 서막인 제물포해전이 월미도와 팔미도 해상에서 일어났다. 이후 월미도는 러일전쟁 승자인 일본의 수중으로 완전히 들어가고 말았고, 조선은 일본의 식민지로 전락했다.

1918년 일제 인천부는 월미도를 풍치지구로 지정하고 월미산 중턱에 도로를 뚫고 공원을 조성하고 월미산 곳곳에 벚나무와 아까시나무 등을 심고 가꾸었다. 또한 북성지구에서 월미도 사이에 길이가 1km인 왕복 2차선의 제방둑길을 축조해 월미도를 육지와 연결하였다. 1920년에는 월미도 북쪽 해안에 해수욕장도 개장했다.

전쟁과 평화가 교차하는 섬

1945년 8·15해방 직후 월미도는 군사지대로 징발돼 미군이 주둔하게 되었다. 1948년 남과 북에 각기 가장 극단적인 좌·우익 정권이 들어서고 미국과 소련을 주축으로 한 냉전체제가 시작되면서 월미도는 세계사적 전쟁인 6·25전쟁의 엄청난 포화를 온몸으로 맞아야 했다.

제2차 세계대전 최대의 군사작전이었던 인천상륙작전의 첫 상륙 목표 지점으로 월미도가 선택돼 집중포화를 맞음으로써, 월미도는 가장 큰 상처를 겪은 섬이 되었다. 인천상륙작전의 사전 작전으로 전개된 미 해군의 월미도 어촌마을 네이팜탄폭격사건으로 인해 월미도 주민 수백 명이 사망하고, 살아남은 원주민들은 고향 월미도로 돌아가지 못한 채 지금까지 귀향 대책을 촉구하고 있다.

2001년 10월 13일 50여 년간 군부대가 진주했던 월미산을 인천시가 매입한 후 월미공원을 조성하여 개방하였다. 덕분에 월미공원은 인천 해안가의 아름다운 도시자연공원으로

인천광역시립박물관 제공

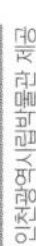

인천광역시립박물관 제공

일제강점기 제작된 사진엽서 속 월미도 조탕의 모습(위)과 1920년대 월미도 유원지의 모습(아래) 조선을 식민지로 만든 일본은 무단통치를 통해 식민지 체제가 안정되자 군사적 요충지였던 월미도를 일제의 식민 지배를 합리화하는 유흥관광지로 탈바꿈시켰다. 식민지 경제를 진작시키기 위한 방편으로 조직된 공진회(共進會)의 주도로 월미도에 첨단 관광 상품인 수족관이 개설됐으며, 연이어 운동장, 야외극장, 조탕(潮湯: 바닷물을 데워 만든 목욕탕), 호텔, 요정(料亭) 등의 유흥·오락 시설이 들어섰다.

부활했다. 조선의 개국 이후 전쟁의 시련을 거듭 겪었던 월미도. 한국 근현대사의 영욕을 간직한 땅 월미도. 이 땅에서 다시는 전쟁이 일어나지 않도록 하기 위해서라도 월미공원을 한국의 대표적인 평화공원으로 조성하자는 목소리가 커지고 있다.

02 문학산

인천 역사 발상지의 기구한 운명

인천 역사의 발상지인 문학산 정상에 올라가 보면 인천의 도시 내륙뿐만 아니라 송도경제자유구역과 멀리 떠 있는 섬들까지도 한눈에 조망할 수 있다. 인구 감소가 걱정인 최근에도 인천은 지속적으로 인구가 늘어 도시권역이 외곽으로 확장되고 있어서 곳곳에 아파트가 건설되고 있는 모습도 내려다볼 수 있다. 그러나 얼마 전까지만 해도 문학산 정상엔 미사일 부대가 진주해 있었다.

1,000년 동안 인천을 품어온 산

문학산은 부산의 금정산, 목포의 유달산, 서울의 남산처럼 도시의 심장부에 위치한 인천을 대표하는 산이다. 더 나아가

문학산은 인천 역사가 시작된 산이라 할 수 있다. 1,000년의 세월 동안 인천을 안온하게 품어 안아주었다. 문학산은 주봉인 문학산을 비롯해 북쪽으로 연경산, 노적산으로, 남쪽으로는 수리봉과 길마산으로 연이어 넓게 펴져 있다.

문학산은 여러 가지 이름으로 불려왔다. 인천의 남쪽에 있다 하여 남산(南山)이라 불리기도 하고, 오랜 옛날 축성되어 내려온 산성이 있었기에 성산(城山)이라고도 기록되어 있다. 산세의 형상이 학이 날개를 펴고 앉은 모양을 닮았다 하여 학산(鶴山)이라고도 불렸고, '배꼽산'이라는 재미있는 별칭도 있다. 다섯 봉우리가 연봉을 이루는 문학산맥이 마치 여체의 아름다운 곡선과 같고 그 한중간에 위치한 문학산 정상 봉수대가 배꼽 같다고 해서 불린 별칭이다.

문학산에는 이 봉수대뿐만 아니라 삼국시대에 축성된 문학산성과 비류와 백제시대의 흔적을 보여주는 백제 우물을 비롯한 많은 역사유적이 남아 있다. 고구려의 시조 주몽의 아들 비류가 남하하여 문학산 일대에 '미추홀국'을 세웠다는 『삼국사기』의 기록을 보면 문학산이 인천의 발상지임을 알 수 있다.

문학산 파괴와 재건의 역사

1883년 제물포가 개항하고 그곳에 일본인들의 주도로 '진센(인천의 일본식 발음)'이라는 새로운 도시를 만들면서 문학산의 운명이 바뀌었다. 문학산 앞 인천 관아를 대신해 개항장 새 인천에 외국과 교섭하는 일을 맡은 중요한 관청인 '감리서'가 들어서면서 그곳에 새로운 근대도시 인천이 형성된 것이다. 한반도의 패권을 노린 제국주의 세력들의 각축 속에서 일본 제국주의가 수도 한성을 공략하기 좋은 길목인 제물포 일대에 개항장을 마련했고, 행정의 중심을 옮김으로써 문학산 일대는 점차 구읍으로 추락했다. 이후 제물포 개항장을 일본인의 도시 '소일본 진센'으로 집중 개발하면서 문학산 일대는 철저히 방치되고 문화유적이 훼손당하기까지 했다.

1913년 10월 30일 부제(府制)를 공포하면서 부천군 문학면에 편재된 인천도호부 관아는 1918년 4월 29일 부천공립보통학교(현 인천문학초등학교 전신)가 개교하면서 파괴됐다. 이곳에 경찰 주재소가 들어서기도 하고 관청이 불에 소실되기도 했다. 조선시대의 대표적인 인천 서원인 학산서원은 고종 8년(1871) 3월 단행된 서원 정리 조치로 훼손됐고, 문학터널 공사로 그 터마저 찾을 수 없게 사라지고 말았다. 인천향교

또한 부천군 관하라는 이유로 부천향교로 이름을 바꿨다. 그러나 곧 두 개의 향교는 불필요하다며 부평향교만 남기고 부천향교는 폐쇄하라는 명령까지 내려졌다. 문학산성도 별다른 보호조치 없이 방치되다가 한국전쟁을 거치면서 황폐화됐다. 조선시대 통신수단의 하나였던 문학산 정상의 봉수대는 언제 어떻게 파괴됐는지조차 확인할 수 없는 실정이다.

이렇게 파괴되고 쇄락한 문학산 일대가 다시 주목받게 된 것은 1930년대에 일제 당국이 문학산 일대를 관광지역으로 지목하고 대공원으로 조성하려는 개발계획을 입안하면서부

문학산에 남아 있는 전쟁과 분단의 흔적 문학산 정상은 1960~70년대 초반까지 미군의 군사기지로 사용되었다. 이후에는 한국군 미사일 부대가 문학산 정상에 주둔하였다. 군사지역으로 출입이 통제되던 문학산 정상이 인천시민에게 개방된 것은 2015년의 일이다.

터이다. 그러나 이 계획은 여러 가지 이유로 중단되고, 대신 수인선과 가까운 해안가에 송도유원지가 개발되면서 문학산은 또다시 외면받았다.

1950년대 말, 문학산성과 안관당이라는 사적이 있던 문학산 정상이 미군의 군사기지로 수용됐다. 1960년부터는 정상부를 대대적으로 삭토하는 공사가 이루어졌고, 1962년부터 1979년까지 그곳에 미군이 주둔했다. 뒤를 이어 한국군 미사일 부대가 문학산 정상에 똬리를 틀고 2000년대까지도 그 자리를 지켰다.

역사의 아이러니라고 할까? 인천항 개항 직후 일제에 의해 새인천이 개발되면서 몰락의 길을 걸었던 옛 인천의 중심 문학산 일대. 1995년 인천 시청이 구월동으로 이전하고, 문학산 언저리에 '문학 월드컵 경기장'이 건설되면서 이 지역이 다시 인천의 중심 지역으로 부상했다. 오랫동안 문학산 정상에 주둔했던 공군 부대가 이전하고 2015년부터 문학산 정상이 시민들에게 개방되었다. 이제 문학산은 일제강점기와 분단시대의 어두웠던 역사를 뒤로하고 평화시대 인천시민들과 함께하는 평화의 산으로 거듭나고 있다.

문학산 정상에서 바라본 인천 전경 문학산은 인천의 발상지이자, 1,000년 넘는 세월 동안 인천을 품어온 산이다.

03 소래포구

협궤열차도 추억도 멈춰버린 포구

인천 사람들에게 소래는 어떤 곳일까? 인천이 애초에 가지고 있던 풋풋한 어로의 바닷가와 거기서 퍼올린 비릿하고도 구수한 삶 내음으로 은은하게 남아 있던 곳이다. 그러기에 바다를 잃어버린 거대 도시 인천의 향수를 좇아 많은 시민이 이곳을 찾아들기도 했다. 김장철이면 불편한 교통을 마다하지 않고 싱싱한 젓갈을 찾아온 사람들로 조그만 성시를 이루던 곳. 소래 주변이 아파트단지로 개발되고 어시장에 많은 사람들이 몰려들면서 옛 정취가 많이 엷어졌지만, 풋풋했던 소래는 문학작품 속에 오롯이 남아 있다.

부박한 삶을 실어 나르던 협궤열차의 추억

소래는 싱싱한 생선을 잡아 올리는 바다 그 이상이었다. 바다에서 난 물산을 뭍으로 보내고 뭍에서 난 물산을 바닷가로 실어 나르던 협궤열차. 그 어느 물산보다도 소중한 자식을 뭍으로 공부하러 보내고 석양 속에서 기다리던 협궤열차의 추억을 간직한 곳이 소래다. 지역의 문인뿐만이 아니라 인근의 많은 문화예술인들이 편도 1차선의 좁다란 도로를 따라 찾아들며 만났던 서해의 문화가 소래에 남아 있었다. 포구를

인천광역시립박물관 제공

수인선 협궤열차가 운행되던 모습 1937년 개통된 수인선 협궤열차는 사람뿐만 아니라, 인천에서 생산된 소금과 해산물 그리고 경기도에서 생산된 농산물을 운반하는 역할을 하였다.

벗어나 서해로 오가는 뱃길과 서녘의 부박한 삶을 실어 나르던 협궤열차의 풍경 속에 인천 문화예술의 원형이자 추억이 담겨 있었던 것이다.

> 협궤열차를 아는가? (……)
>
> 그때의 그 협궤열차만큼 내 인생에 환상으로 달린 열차는 없었다. 가을에 그 작고 낡은 열차는 어차피 노을녘의 시간대를 달리게 되어 있었다. 서해안의 노을은 어두운 보라빛으로 오래 물들어 있고, 나문재의 선홍색 빛깔이 황량한 갯가를 뒤덮고 있다. (……)
>
> —이런 곳에서 시를 쓰며 외롭게 외롭게 살았으면.
>
> 그것은 이 세상에는 없는 황량한 선경(仙境)이었다. 나는 이제껏 세파에 시달려온 지난날을 생각했다. (……) 삶의 진정한 의미는 어디에 있는가.
>
> — 윤후명 「협궤열차에 관한 한 보고서」 (1990) 중에서[1]

윤후명의 작품에 묘사된 소래와 협궤열차는 외롭고 쓸쓸

---

1 조남현 외 엮음, 『한국문학선집 : 1900~2000』 제2권, 문학과지성사, 2007.

하다. 복닥거리는 도회의 세파로부터 벗어난 곳에서 황량한 선경(仙境)을 실어 나르는 협궤열차가 있어 우리 삶은 그나마 위태로운 균형을 잡고 있던 것이 아닐까? 수원으로부터 어천, 야목, 사리, 일리, 고잔, 원곡, 군자, 달월, 소래, 남동 그리고 인천의 송도를 이어주던 46.9km 그리 길지 않은 구간을, 늦게 달려온 아이까지 멈추어 태워주던 2량짜리 협궤열차. 마주 앉은 사람의 숨결까지 감싸 안으며 뒤뚱뒤뚱 흔들리던 꼬마열차는 팍팍한 우리네 삶을 정화하는 허파 속 푸른 공기였다. 스스로를 자멸파(自滅派)라고 자처하는 소설 속 주인공이 아니더라도 소래의 포구와 그 위를 가로지르며 포구를 굽어보던 협궤열차를 누구나 그리워할 것이다.

시에 묘사된 소래와 협궤열차의 기억은 한층 눈이 아프다.

그렇게 왔다 가나부다 왜가리 갈대 북서풍과 청둥오리의 2월
스스로 毒을 품게 하던 겨울의, 가난과 갈증의 새벽으로 가는
밤마다 몸서리치며 떨던 바다를 한 광주리씩 머리에 이고
고개 숙인 낙타처럼 또박또박 걷게 하는 하나뿐인 길
떠나는 사람들이 남기고 간 빵과 홀로 남은 여자의 헝클어진 머리 같은

그들이 버리고 간 추억이 깨진 소주병처럼 여기저기 흩어져 있는

(……)

태업한 꿈속까지 이어지는 나는 수척한 햇빛에 이리저리 반사되며

얻어터지며 철길 위에 팔 벌려 수평을 잡으며 위태롭게 걷는다

그렇게 왔다 가나부다 70年代 배호 김종삼 그리고 너는

— 이창기 「수인선 철도」(1989) 중에서[2]

이창기의 시에 묘사된 소래포구의 철길 위에는 많은 사람의 발자국이 추억으로 아로새겨져 있다. '가난과 갈증의 새벽'을 걸어간 사람들과 그들이 떠나고 남긴 '깨진 소주병' 같은 추억을 떠올리며 시인은 그 스스로가 '고개 숙인 낙타'가 되어 철길 위를 걸었던 것은 아닐까? 세파의 미친 듯한 바람 속에서도 위태롭게 팔 벌려 수평을 잡으려는 시인의 앞길에는 이미 많은 사람의 발자국이 왔다 갔다. 마치도 계절의 반복처럼 '왜가리 갈대 북서풍과 청둥오리' 같이 오갔다. 소래와 소래포구를 가로지르는 협궤열차의 철길은 겨울 철새와 같은 먼 이방인들을 잠시나마 쉬게 하는 사색의 철새 도래지

2 이창기, 『꿈에도 별은 찬밥처럼』, 문학과지성사, 1989.

였다.

협궤열차가 운행을 영원히 멈춘 지도 벌써 여러 해. 협궤열차를 대신해 소래포구의 안쪽 언저리에는 서해안고속도로가 자동차의 굉음을 쏟아내며 기세 좋게 뻗어 있다. 인천시민에게 풋풋한 젓갈 내음과 싱싱한 바다의 음식을 퍼 나르던 어시장은 새 단장을 하기 위해서인지 건설자재만이 나뒹굴고, 한가로운 가운데 넉넉하던 포구의 거리는 신장개업한 수십 개의 횟집들로 번쩍거리는 거리가 되었다. 포구의 바다는 적막한데 뭍의 거리는 요란하다니…….

소래포구 일대는 엄청난 개발이 이루어져서 과거의 흔적

소래포구 어시장 앞에 정박한 어선들 매년 700만 명 이상이 다녀가는 관광지가 된 소래포구에서 몇 척의 어선만이 예전 풍광을 간직하고 있다.

은 전혀 찾을 수 없게 되었다. 도회의 세파를 피해서 찾아들던 사람들을 사색의 풍경으로 맞아주던 소래는 간데없고, 이곳마저도 자본주의 식도락이 춤추는 도회지로 변해버렸다.

한때 협궤열차가 관광을 목적으로 다시 운행을 재개하리라는 뉴스도 들리더니, 지금은 수인선 전철이 개통돼 포구를 내려다보며 전동차가 지나간다. 예전의 수인선 꼬마열차가 지나가던 포구 위 철길에는 사람들이 안전하게 건너다닐 수 있도록 철판이 깔려 있다. 바다의 도시 인천에서 바다를 만날 수 없는 시민들이 소래포구 어시장을 찾느라 소래 일대는 주차장이 되기 일쑤다.

예전의 소래포구 풍광은 이제 소래역사관에 전시돼 있다. 그래도 변하지 않은 건 포구의 갯골과 그곳을 오가는 어선들이다. 만선기를 올리고 포구로 들어오는 어선들과 붉게 물드는 포구의 황혼을 보려거든, 자동차를 버리고 수인선 소래포구역에 내려보시길.

04 대불호텔

한국 최초의 서구식 호텔

2018년 여름 드라마 '미스터 션샤인'이 방영되면서 한때 고종황제가 선포했던 대한제국시대에 대한 관심이 뜨거웠다. 서울과 제물포항을 주 무대로 조선을 탐하는 일본인과 미국인들 사이에서 대한제국을 지키려는 의병들이 엮어내는 격변의 역사가 흥미를 불러일으켰다. 이와 함께 철도가 개통되고 전차가 오고가며 호텔에서 가배차를 마시는 당시의 생활상도 많은 관심을 끌었다. 드라마 속에 재현된 역사와 풍물은 가공된 것이지만, 역사 속에 실재하며 많은 이야기를 남긴 건축물 하나가 인천 제물포 항구의 초입에 있었다. 바로 한국 최초의 서구식 호텔인 대불호텔이다.

최초의 서구식 호텔에서 북경요리 전문점까지

'한국에 복음을 전파한 미국 감리회 선교사 아펜젤러가 묵었던 한국 최초의 근대식 호텔', '가배(珈琲)라는 이름의 매혹적인 음료인 커피가 최초로 보급, 전파되었을 것으로 추정되는 근대문화의 발신처'. 인천의 대불호텔에 대해 떠돌았던 풍문들이다. 갖가지 풍문만 전해질 뿐, 건물의 정확한 위치가 어디이고, 그 구조가 2층 목조건물인지 3층의 벽돌조건물인지도 불분명했다. 2층과 3층의 각기 다른 두 종류의 대불호텔 사진이 떠돌아다니면서 혼란을 가중시키기도 했다. 이런 풍문이 떠돌게 된 이유는 현재의 인천 중구 중앙로1가에 있었던 대불호텔이 한국 최초로 세워진 서양식 호텔이었기 때문이다.

인천항은 부산항, 원산항에 이어 1883년에 세 번째로 개항한 항구였다. 수도 한성의 입구에 해당하는 인천 제물포항이 개항장으로 열리면서 일본과 청나라의 상인과 외교관뿐만 아니라 서양의 외교관과 선교사, 상인들이 잇따라 조선에 첫발을 내딛게 된다. 조선의 실질적인 개국이 인천항의 개항을 통해 이루어진 것이다.

외국인들의 출입이 빈번해지자 인천항의 개항을 지속적

으로 요구하던 일본인들이 제일 먼저 인천항에 거주하기 시작했다. 이 중 나가사키 출신의 호리 히사타로라는 무역 상인이 지금의 중앙동1가에 2층짜리 대불호텔을 건립하고 영업을 시작했다. 1884년 조선을 방문했던 미국 군함 주니아타호의 해군 군의관 조지 우드가 남긴 일기장에는 그가 방문했을 당시 막 준공된 대불호텔을 보았다는 기록이 남아 있다. 이를 근거로 대불호텔은 인천항 개항 다음 해인 1884년부터 목조 2층 건물에서 일본식 여관처럼 영업을 시작한 것으로 추정되고 있다.

외국인들이 묵을 숙소가 없었던 제물포에서 호텔을 찾는 사람들이 많아지자 호리 히사타로는 2층짜리 목조로 된 대불호텔을 운영하면서 바로 옆에 붉은 벽돌로 3층짜리 서양식 건물을 신축하고 1888년부터 본격적으로 호텔 영업을 시작했다. 대불호텔의 객실료는 상등실 2원 50전, 일반실 2원으로, 다른 여관에 비해 상당히 높은 금액이었다고 한다. 당시 조선인 노동자의 하루 임금이 23전이었던 사실과 비교해 보면 상당히 비쌌다는 것을 알 수 있다.

인천항 일본인 거류지에 대불호텔이 건립된 데 이어 중국인 거류지에는 중국인이 운영하는 이태호텔, 일명 스튜어트

이순우 우리문화재자료연구소장 제공

대불호텔 옛 모습 대불호텔은 2층짜리 목조건물로 시작되었다고 전해진다. 사진은 1888년 신축된 대불호텔의 모습으로 3층짜리 서양식 벽돌 건물이었던 것을 확인할 수 있다.

호텔이 경쟁적으로 운영되기 시작했다. 그 뒤를 이어 꼬레호텔, 오리엔탈호텔, 터미나스호텔 등이 들어서 치열한 경쟁을 벌였다. 그러나 이들 호텔은 1899년 경인철도가 가설되면서 인천항을 방문한 손님들이 구태여 인천에 머무를 필요가 없게 되자 경영난을 겪다 문을 닫게 된 것으로 추정된다.

몇 차례 전세 임대로 운영되던 대불호텔은 1918년뢰 씨 일가를 비롯한 중국인들에 의해 중화루라는 북경요리 전문점으로 재탄생했다. 이후 1970년대 초까지 명성을 이어갔고, 중화루마저 문을 닫은 후 1978년 건물이 철거되기에 이르렀다.

박물관으로 복원된 개항기 근대문화

그간 역사학계에는 1902년 서울 정동에 건립된 손탁호텔이 우리나라 최초의 서양식 호텔로 알려져 있었다. 그러나 대불호텔에 투숙했던 언더우드 선교사를 비롯한 여러 외국인들이 묘사한 호텔의 모습과 음식 등을 볼 때 대불호텔이 최초로 서양식 호텔로 운영되었다는 것을 확인할 수 있다.

2011년 중화루가 위치했던 공터의 소유자인 전임 김홍섭 중구청장이 신축건물 공사를 진행하다가 개항기 건축물의

복원된 대불호텔전시관의 모습 전체 전시관은 전임 중구청장이 기증한 대불호텔 터와 중구가 매입한 최초의 2층 목조건물 터까지 이어진 구조이며 정식 명칭은 중구생활사전시관이다. 대불호텔의 역사와 일제강점기 인천의 모습을 보여주는 대불호텔전시관(1관)과 1960~70년대의 생활상을 보여주는 생활사전시관(2관)으로 나누어져 있다.

기초로 추정되는 바닥의 벽돌 구조물이 확인되면서 대불호텔은 다시 세간의 관심을 끌었다. 흔적이 발견된 건물은 바로 벽돌로 지어진 3층짜리 대불호텔이었다. 이 일을 계기로 최초의 호텔 유구의 보존 필요성이 제기되자, 일각에서는 2층짜리 일본식 목조건물이 본래의 대불호텔이고, 최초의 대불호텔로서 이 건물의 가치도 살펴야 한다는 의견이 개진되었다. 어떤 건물이 먼저이고 어떤 건물이 더 가치 있는 것인지를 둘러싸고 작은 논란이 제기된 것이다.

이를 계기로 지역사회에서는 대불호텔 터를 보전하는 한편 대불호텔에 얽힌 역사와 생활상을 기리기 위한 방안을 마련해야 한다는 목소리가 개진되었고, 전임 중구청장은 고민 끝에 해당 부지를 중구청에 기증했다. 중구청에서는 예산을 마련하여 기증된 터에 대불호텔을 복원하는 공사를 진행해 2018년 4월 6일 대불호텔전시관을 개관하기에 이르렀다.

최초의 2층 목조건물이 위치했던 부지의 건물도 중구에서 매입해 1960~70년대 인천 중구 일대의 생활사를 보여주는 '생활사전시관'으로 함께 개관했다. 하지만 이 전시관은 평면도 등의 건축 자료 없이 외관만 그럴듯하게 복원한 것이다. 근대건축물 복원의 고증이나 정밀성에 있어 많은 아쉬움을 남긴 셈이지만 그래도 옛 개항기 인천의 풍경을 복원하게 된 것은 반갑기 그지없다.

05 인천항

백범 김구 선생이 노역했던 항구

인천은 항구도시이고 바다의 도시다. 그런데 정작 인천에 살고 있는 시민들은 바다를 접하기 힘들고, 인천이 항구도시라는 걸 잊고 산다. 인천이 면한 바다는 상당수가 시민들의 출입을 통제하는 부두시설과 공장시설들로 둘러싸여 있기 때문이다. 인천시민들은 월미도나 연안부두에 가서야 겨우 철제 구조물로 둘러싸인 바다를 볼 수 있다.

세계를 향해 문을 연 항구

인천시민들로부터 단절됐던 바다가 다시 시민의 곁으로 돌아올 수 있는 계기가 생겼다. 인천 내항은 오랫동안 경인공업단지의 수출입 항구로 이용되며 일반인에게는 차단되어

왔다. 그러나 최근 항구로서의 기능이 쇠퇴하면서, 이를 시민을 위한 공간으로 조성하자는 내항 재개발 사업이 2015년부터 추진되기 시작했다.

인천의 바다가 원래부터 이렇게 시민들과 유리되었던 것은 아니었다. 널리 알려져 있다시피, 인천은 한국의 그 어느 지역보다 조수간만의 차이가 큰 지역이다. 그 때문에 큰 배가 정박하기에 매우 불리한 곳이다. 지금으로부터 136년 전인 1883년 인천의 제물포가 일본에 의해 강제로 개항됐다. 인천항의 개항은 남해의 부산항, 동해의 원산항에 이어 세 번째였지만, 조선왕조가 실질적으로 세계에 문호를 연 역사적 사건이었다.

그런데 일본은 왜 하필 인천의 개항을 집요하게 요구했을까? 조수간만의 차이가 커 불편했을 텐데 말이다. 그것은 수도 한성의 관문 항구로서 한강으로 올라가는 수로와 더불어 육로까지 확보할 수 있기 때문이었다. 1883년 인천항이 개항된 이래 인천으로 들어오는 서양과 일본의 큰 배들은 한동안 월미도 옆 깊은 수로에 정박하고, 작은 돛단배들이 오가면서 승객들을 실어 날랐다. 인천에 들어온 일본인들은 이런 불편을 해소하고자 인천항 축항 공사를 여러 차례 벌였다.

인천항 전경 일제강점기에는 세계를 향해 열린 문으로, 산업화 시대에는 거대 물류 항만으로 중요한 역할을 담당했던 인천항은 현재 변화의 기로에 서 있다.

100여 년 전 김구 선생이 노역하던 역사의 현장

1884년 9월 인천해관의 러시아인 토목기사 사바틴의 주도로 해관 전면 바닷가에 석축을 쌓고 만조 때도 이용할 수 있는 선착장과 승강장을 만들었다. 그러나 이것만으로는 밀려드는 배의 수요를 감당할 수 없었다. 이후 여러 차례 인천항 축항 공사를 진행하다가 1911년 6월부터는 인공으로 바닷물을 가두고 큰 배가 접안할 수 있도록 하는 인천항 갑문을 인천 내항 제1부두에 설치하기 시작했고, 이 토목공사에 많은 조선인이 동원되었다.

당시 김구 선생은 안악사건이라는 독립운동으로 구속돼 서대문 형무소에서 인천 감옥으로 1914년 이감돼 수감 중이었다. 김구 선생은 『백범일지』에서 이때의 노역을 회고하면서 “무거운 짐을 지고 사다리로 올라갈 때, 여러 번 떨어져 죽을 결심을 하였다”고 술회하였다. 그러나 김구 선생은 쇠사슬로 함께 묶여 있는 수인들이 자신 때문에 죽을 것을 떠올리며, 죽고 싶은 마음을 돌려 고통을 견뎌냈다고 한다.

김구 선생은 1914년 7월 가석방되었다. 조국이 해방되고 나서 환국한 백범 김구 선생은 1946년을 맞아 38선 이남 지방 순회의 첫 방문지로 인천을 선택했다. 인천을 일컬어 ‘의

인천광역시 제공

1910년대 인천항 갑문 공사 장면(위)과 내항 1부두의 현재 모습(아래) 1910년대 당시로서는 대규모의 토목공사였던 인천항 갑문 공사에는 많은 노동자와 함께 인천 감옥에 갇혀 있던 죄수들까지 동원되었다. 일본인들의 감독 아래 고된 노동을 감당해야 했던 이 공사에 상해 임시정부를 이끌었던 백범 김구 선생도 동원되었다.

미심장한 역사 지대'라고 기록하기도 했다. 독립운동에 평생을 바쳐 두 차례나 감옥에 갇혔고, 인천항에서 힘든 노역을 이겨냈기에 인천이 역사의 현장으로 느껴졌던 것이 아닐까?

인천항 갑문은 1918년 10월 27일 완공되었다. 3만여 평의 면적을 확보해서, 4,500톤급 3척과 2,000톤급 4척이 동시에 접안해 연간 130만 톤의 화물을 하역할 수 있게 된 것이다. 2018년은 인천항 갑문이 설치된 지 꼭 100년째 되는 해였다.

한국전쟁 후 정부의 '항만 복구 5개년 계획(1956~1960)'에 따라 전쟁 기간 파괴되고 흐트러진 인천항의 항만 기능을 복구하고, 인천항을 전후 경제 활성화의 전진기지로 삼았다. 1966년부터 1974년까지 약 8년간 국가에서는 월미도와 소월미도 사이에 동양 최대의 갑문식 독을 축조해, 인천항 전체를 잔잔한 바닷물로 채운 내항으로 만들었다. 내항의 이 독은 당시로써는 동양 최대였으며, 세계에서 세 번째로 컸다. 정부는 또 1975년부터 1978년까지 인천항 1단계 개발사업, 1981년부터 1985년까지 인천항 2단계 개발사업을 추진했다. 항만부대시설인 도로 및 야적장의 포장, 입항 유도시설과 화물 보관시설 등을 건설하여 국제항으로서의 면모를 갖추었던 것이다.

인천항이 이렇게 산업화 시대의 국가 물류 항만으로 변모하면서 시민들의 발걸음을 차단하는 사이 인천 해안의 갯벌지대는 정부와 기업에 의해 대규모로 매립됐다. 그렇게 매립된 땅 위에는 각종 공장들이 들어섰다. 물론 그 시작은 1930년대부터 본격화된 동구와 중구 지역의 해안 매립과 대형공장의 건설이었다.

식민지 말기에는 군수 물품을 만드는 공장들이 바닷가를 점령했다. 이처럼 대규모 매립과 공장의 건설, 국가 항만의 확대 등으로 인해 인천의 갯벌과 바다는 점차 사라지고 어느덧 인천은 다가갈 수 없는 항구도시, 바다가 보이지 않는 바다도시로 변모해온 것이다.

인천의 미래를 열 내항 재개발

개항된 지 136년이 지난 지금 인천은 다시 바다를 되찾을 수 있는 절호의 기회를 맞이하고 있다. 앞서 말했듯 지난 40여 년 동안 국가 수출입 항만으로 기능하던 인천 내항을 친수복합 해양공간으로 조성하는 내항 재개발 사업이 시작됐기 때문이다.

지금 인천 내항은 선박의 대형화와 컨테이너 운송에 드는 시간과 비용으로 인하여 경쟁력을 상실해가고 있다. 인천 북항과 송도 신항으로 주요한 기능이 옮겨지면서 인천항은 무역항의 기능을 점차 잃어가고 있다. 이에 따라 국가적인 차원에서도 재래 항만인 인천 내항의 기능 재배치를 하고, 시민들을 위한 공간으로 만드는 대역사를 만들어나가야 할 때이다. 이미 내항의 8부두가 우선 개방되기도 했다. 차제에 백범 김구 선생이 강제 노역을 했던 인천 내항 1부두에 백범 김구 선생을 기리는 동상이나 기념공원을 조성한다면 인천 사람들에게 더욱 의미 있는 일이 되지 않을까 생각해본다.

06 연안부두

러일전쟁의 서막, 제물포해전의 기억

어쩌다 한번 오는 저 배는 무슨 사연 싣고 오길래

오는 사람 가는 사람 마음마다 설레게 하나.

부두에 꿈을 두고 떠나는 배야 갈매기 우는 마음 너는 알겠지.

말해다오, 말해다오. 연안부두 떠나는 배야.

1979년 김트리오가 불러서 유행했던 노래 '연안부두'는 지금도 인천을 대표하는 노래이다. 최근에는 인천 SK와이번스 야구팀을 응원하는 노래가 되어 널리 알려지기도 했다. 실제로 연안부두는 바다의 도시 인천에서 연안 섬들을 찾아갈 때 반드시 거쳐야 하는 여객터미널이 위치한 곳이다. 또한 인천에서 가장 큰 어시장이 있는 장소이기도 하다. 연안부두는

연안부두 선착장 연안부두에는 연평도, 백령도 등 서해안 일대 섬 지역을 향하는 여객선과 중국으로 출항하는 여객선을 탈 수 있는 여객터미널이 위치해 있다. 뿐만 아니라 해양광장과 종합어시장, 유람선 선착장 등 즐길 거리도 많다.

1974년 갯벌을 매립하면서 인천항 갑문과 내항을 만들면서 조성되었다. 이곳 연안부두 친수공원에는 특이한 조형물이 하나 있다. 바로 러일전쟁 전사자 추모비. 매립된 지 50년 남짓 된 땅에 100년도 훨씬 전에 일어난 러일전쟁 추모비가 세워진 까닭은 무엇일까?

한반도의 패권을 다툰 열강들의 전쟁

러일전쟁은 1904년 2월 9일 한반도의 배꼽인 제물포항과 만주의 관문인 여순항에서 거의 동시에 일어난 전쟁이다. 최초의 제국주의 전쟁이자 제0차 세계대전이라 불리기도 한다. 서양의 후발 제국주의 국가 러시아와 동양의 후발 제국주의 국가 일본이 만주와 한반도의 패권을 둘러싸고 식민지 쟁탈을 다투었던 국제전이 바로 러일전쟁이다.

우리는 일본의 독도 영유권 주장에 대해서는 크게 분개하면서 독도 영유권 주장의 시발인 러일전쟁에 대해서는 그다지 큰 관심을 두지 않았다. 반면 일본은 러일전쟁 승전의 역사를 매우 큰 역사적 자부심으로 기록하고 계승해왔다. 특히 러일전쟁의 첫 전투였던 제물포해전을 매우 중요한 역사적 사건으로 기록한다. 그에 비해 우리는 러일전쟁의 첫 전투가 바로 이곳 인천 앞바다에서 일어났다는 것조차 잘 모르는 경우가 많다.

청일전쟁 이후 제물포 개항장에서 러시아 세력과 각축했던 일본인 거류민들은 러시아가 평안북도 용암포에 조차지를 얻어 포대를 축조하고 있다는 소식을 접하고 인천 제물포에도 러시아가 침략해오지 않을까 염려했다. 이에 제물포항에서 일본조계를 경비하던 치요다호는 외항으로 나가는 치밀한 개전 준비를 마친 뒤 일본 함대를 이끌고 인천항에 입항한다.

치요다호를 비롯한 일본 함대는 외항에 정박하는 한편,

제물포에 수송선을 보내 1904년 2월 8일 오후 5시 30분부터 다음날 새벽까지 일본 육군 제12사단 제23여단인 기고에여단 3,000명을 제물포에 상륙시킨다. 일본 해군은 중립 항구인 인천항의 규정을 무시하고 정박 중인 러시아함에게 9일 정오까지 항구 밖으로 떠날 것을 최후통첩하며, 만약 이에 불응하면 항구 내에서 공격을 하겠다고 통고했다.

이에 러시아의 순양함 바랴그(Variyag)호와 코레예츠(Koreietz)호는 닻을 올리고 팔미도 해상으로 떠났다. 그러나 팔미도 해상에서 기다리고 있던 치요다호를 비롯한 일본 함정 10여 척과 대치하면서 곧바로 전투가 벌어졌다. 만주의 여순항 해전보다 먼저 제물포 앞바다에서 첫 전투가 발발한 것이다.

첫 전투는 일본 함대의 압도적 무력 진압으로 싱겁게 끝났다. 접전 40분 만에 일본의 함포 사격으로 만신창이가 된 두 척의 러시아 전함이 자폭을 선택함으로써 전투는 종료됐다. 제물포항에 정박하고 있던 러시아 상선 숭가리(Sungari)호 역시 군함들의 뒤를 이어 자폭을 선택해 스스로 침몰했다.

일본 메이지천황은 제물포해전 승리의 기세를 몰아 1904년 2월 10일에 대러시아 선전포고 칙어를 발표했다. 기습공격에 이은 뒤늦은 선전포고. 일본이 잘 쓰는 전술이다. 이것으로 러일전쟁이 공식적으로 발발했다. 메이지천황은 선전포고의 명분으로 "문명을 평화에서 구하는 열강과 우의를 돈독히 함으로써 동양의 치안을 영구히 유지하고, 나아가 각국의 권리와 일본의 안전을 유지하기 위함"이라고 명시했지만 허울 좋은 미사여구에 불과했다. 제물포해전으로 개전한 러일전쟁은 이후 1년간 한반도와 만주를 전쟁터로 삼아 전개된다.

러일전쟁은 결국 미국의 중재로 1905년 9월 5일 미국 포츠머스에서 강화조약이 체결되면서 일본의 승리로 끝난다. 일본은 승리의 대가로 한반도에서 가장 우월한(paramount) 지위를 보유하게 되고, 대한제국에 을사보호조약을 강요해 곧바로 식민지로 만들었다. 1883년 인천을 강제로 개항시킨 지 30여 년 만에 일본은 기어코 한반도를 식민지로 만들었던 것이다. 러일전쟁이 승리로 끝나자 일본에서는 축제와도 같은 전쟁 붐이 일어났다. 러일전쟁에서 일본이 백인종의 대제국인 러시아를 상대로 승리한 것은 일본인들에게 감격스런 신화의 원천이 되었다.

기억해야 할 역사의 교훈

제물포해전의 기억이 아직도 생생했을 1905년 2월 9일, 제물포해전 1주기를 맞아 인천의 일본인들은 제물포해전에서 승리한 날을 '인천의 날'로 제정하여 해마다 성대한 기념행사를 거행했다. 이보다 앞서 일본은 전쟁이 한창이던 1905년 1월에 독도를 다케시마(竹島)란 이름으로 자국 영토에 편입시켰다. 한일 간 역사 분쟁의 현안인 독도 영유권 문제의 시원이 바로 러일전쟁에 그 뿌리를 두고 있었던 것이다. 해마다 2월 9일이면 러일전쟁 승리의 역사 현장을 보기 위한 수학여행단이 일본 본토에서 인천을 방문하기도 했다. 인천 중구 신흥초등학교 본관 앞에 남아 있는 러일전쟁 포탄과 돛대는 이런 전승여행을 위한 유적이다.

제물포해전은 러시아에도 위대한 영웅서사를 남겼다. 1904년 프랑스 파리에서 『제물포의 영웅들(LES HEROS DE CHEMULPO)』이라는 제목의 책이 출간됐다. 이 책은 소설 『오페라의 유령』의 작가로 널리 알려진 프랑스의 문학가 가스통 르루가 당시 프랑스 〈르 마탱(Le Matin)〉지의 특파원으로 활동하면서 기록한 르포르타주다. 제물포해전 패배 이후 귀국길에 오른 러시아 수병들을 귀국선 위에서 만나 5일간 함께

러일전쟁 전사자 추모비 연안부두에 있는 이 추모비는 러일전쟁의 첫 전투였던 제물포해전에서 희생된 바랴그호와 코레예츠호의 전사자를 추모하기 위한 것으로 러일전쟁 100주년이었던 2004년에 러시아 정부의 요청으로 설치되었다.

여행하면서 한 인터뷰를 담아 제물포해전의 전 과정을 생생하게 복원한 책이다. 이 책은 일본의 기습공격에 맞서 끝까지 항전하다가 자폭한 러시아 수병들에 대해 러시아 황제 차르가 대대적인 환영 행사를 거행하면서 러시아의 영웅들로 찬양한 내용을 담고 있다.

러일전쟁이 발발한 지 꼭 100년째 되는 2004년 2월 8일, 푸틴 대통령이 다스리는 러시아 정부에서는 이날을 기념하여 일본의 기습공격에 희생당한 바랴그호와 코레예츠호의 전사자 추모비를 한국 정부의 도움을 받아 인천 연안부두에 건립했다. 러시아 정부는 인천 내동 성공회성당에도 부상당한 러시아 수병들을 치료해준 것에 감사하는 현판을 설치했다. 현재 인천시립박물관에는 1904년 2월 9일 침몰한 러시아 순양함 바랴그호의 깃발을 비롯한 러일전쟁 관련 유물 총 15점이 소장되어 있다.

역사를 잊은 민족에게 미래는 없다. 북한의 핵문제를 둘러싸고 한반도 주변 강대국이 자국의 이익을 다투고 있는 오늘, 인천의 러일전쟁 유적지와 인천 연안부두 친수공원에 마련된 '러일전쟁 전사자 추모비'를 둘러보는 건 어떨까?

07 송도유원지

일제 말부터 각광받던 피서지

항구와 바다의 도시에 사는 인천시민들도 막상 바다 구경을 하려면 기나긴 자동차의 행렬을 쫓아 동해안으로 가야 한다. 불과 10년 전만 해도 이 정도는 아니었다. 지친 인천시민들이 손쉽게 찾을 수 있었던 바다, 송도유원지가 있었기 때문이다. 인천에서 초등학교를 다닌 사람이라면 송도유원지로 소풍을 안 가본 사람이 없을 정도로 인천 사람들에게는 친숙한 곳이 바로 송도유원지였다.

일제가 심어놓은 언어의 쇠말뚝 '송도'

송도유원지는 일제강점기 말기인 1937년에 개장했다. 인천의 대표 유원지였던 중구의 월미도유원지가 포화상태에 이르자 일본 유흥자본은 인천의 또 다른 해양유원지 개발에 착수해 먼우금면(遠又爾面)의 옥련동, 오늘날의 연수구 옥련동 해안가에 위치한 능허대(凌虛臺) 일대를 개발하기 시작했다. 원래 연수구의 능허대는 백제시대에 중국을 오가는 뱃길이 있었다고 알려진 곳인데, 인천에 들어온 일본 사람들은 언제부턴가 이곳을 마쓰시마(松島)라고 부르기 시작했다. 당시 먼우금면 능허대의 기암절벽 위에 멋들어지게 자란 소나무를 보고 일본인들이 그리 부른 것이라고 쉽게 생각할 수도 있다. 그런데 일본인들이 능허대를 송도라고 부른 데는 다른 이유가 있었다. 자신들의 고국인 일본 삼경(三景) 중의 하나인 미야기현에 위치한 '마쓰시마'를 떠올려 이를 인천의 능허대에 갖다 붙인 것이다.

송도유원지가 조성된 배경에는 또 다른 식민 통치의 논리가 숨어 있다. 경기도 내륙의 미곡을 인천으로 수송하고, 일본에서 들여온 생활물자를 보급할 목적으로 인천에는 경동철도주식회사라는 민간자본이 수인선(水仁線) 철도를 개설했다. 수인선의 개통이 임박하자 일본은 수인선의 활성화를 도모하고 관광지 개발을 통해 이중의 수익을 확보하고자 수인선 인근인 능허대에 송도유원지를 개발했던 것이다.

능허대 일대를 송도라고 개칭한 1930년대 관광엽서 조선에 들어온 일본인들은 일본의 마쓰시마와 유사한 한국의 해안 절경에 자기 나라의 지명을 이식했다. 부산의 송도해수욕장도 그렇게 붙여진 이름일 가능성이 매우 높다. 일본인들이 부산에 처음 거류지를 마련한 뒤 부산 서구 암남반도에 있는 거북섬 인근 해안에 소나무를 식재하고 이 일대를 송도해수욕장이라고 명명했던 것이다. 포항의 송도해수욕장을 개발한 것도 일본이었다. 인천의 송도도 이와 같은 과정을 밟았기에 1920년대 중반부터 신문지상에 송도라는 지명이 등장하기 시작했다.

협궤열차로도 유명한 수인선의 역명을 정할 때, 1920년대 중반부터 널리 사용되기 시작한 송도라는 지명을 붙여 '송도역'이라 명명하고 '송도유원지'도 연이어 개장했던 것이다. 이때부터 인천에는 없던 '송도'라는 지명이 오늘날까지도 일제가 심어놓은 언어의 쇠말뚝으로 작용해 '송도국제도시'라는 지명으로 확산되기에 이르렀으니, 통탄할 일이다.

똥물 해수욕장이 중고차 야적장이 되다

초창기 송도유원지는 해수를 끌어들여 인공 백사장을 조성하고 보트장, 어린이 놀이터, 소규모 운동장과 동물원, 간이 호텔에 이르기까지 다양한 시설을 갖추고 운영을 시작했다. 개장 초기에는 월미도 유원지에 비해 시설이 다소 뒤졌다고 한다. 그러나 주변의 청량산과 어우러진 화려한 경관과 쾌적한 환경이 각광을 받으면서 해마다 여름철이면 피서객이 몰려들어 송도유원지는 곧 인산인해를 이루었다. 오죽했으면 1939년 7월 19일자 〈동아일보〉는 월미도와 함께 송도유원지에 몰려든 관광객들을 '뜨거운 태양 아래 인천은 사람사태'라고 보도했을까?

6·25전쟁을 겪으면서 월미도유원지 일대가 군사지대로

묶여 오랫동안 민간인 출입이 통제된 것과 달리 송도유원지에는 영국군 부대가 주둔하다 철수했고, 1963년 여름에는 해수욕장으로 재개장한 이래 인천을 대표하는 국민관광지로 명성을 떨쳤다. 한때는 신혼여행지로도 전국적으로 인기를 끌었다고 한다. 인천에서 학교를 나온 학생들이라면 해마다 지겹도록 소풍을 갔던 송도해수욕장! 해수를 끌어들인 바닷물에 수많은 사람이 가득 들어차서 '똥물 해수욕장'이라고 부르기도 했던 그 송도해수욕장은 2010년 무렵까지도 인천시민들의 더위를 식혀주는 해수욕장의 역할을 유지했다.

무더운 여름이면 가족이 수박을 사 들고 하룻밤 야영했던, 인천의 유일한 해양 유원지 송도해수욕장. 그런데 지금

송도유원지의 최근 모습 인천시의 송도유원지 재개발 사업이 무산되면서 송도유원지는 2011년 폐장 후 지금까지 중고차 야적장으로 방치되고 있다.

은 어찌 된 일인지 유원지의 문이 굳게 닫혀 있고, 중고 자동차만 몇 년째 잔뜩 야적돼 있다. 인천시에서 송도유원지 일대에 관광단지와 주상복합주거단지 등을 조성해 인천의 랜드마크로 개발하겠다며 2011년 폐장했지만, 사업추진은 중단된 채 중고 자동차 야적장으로 방치돼 오늘에 이르고 있는 것이다. 하루빨리 송도유원지가 인천시민의 품으로 돌아왔으면 좋겠다. 갈 곳 없는 인천시민들이 지겹도록 찾았던 송도유원지, 그곳에 다시 가서 놀고 싶다.

08 부평 문화의 거리와 지하상가

상인들의 지혜가 만든 핫플레이스

인천 부평은 인천광역시의 오래된 중심지 중 한 곳이다. 전통시대 인천도호부와 별개로 부평도호부의 땅과 역사가 있었던 것처럼, 인천 부평구에는 갯가 인천 사람들과는 다른 '부평 사람들'이 어울려 거대한 삶의 터전을 이루고 있다. 부평이 인천의 또 하나의 중심지라는 것을 가장 잘 보여주는 곳이 부평의 중심가에 형성된 부평 문화의 거리와 부평지하상가이다.

전국 최초로 상인들이 만든 문화의 거리

지하철 1호선 부평역에서부터 부평시장로터리에 이르는 거리에 형성된 '부평 문화의 거리'는 1950년대부터 상인들이 모여서 장사를 하기 시작한 곳이다. 이후 의류상점들과 함께 음식점, 카페 등이 잇따라 들어서면서 부평의 대표적인 번화가이자 젊음의 거리로 이름을 알렸다. 1980년대 인천에서 학창시절을 보낸 젊은이치고 이곳 카페에서 설레는 미팅을 해보지 않은 학생들이 거의 없을 정도로 인천 중구의 신포동 일대와 함께 가장 번성한 젊음의 거리였다.

하지만 1990년대 중반에 이르러서는 노점상이 많아지고 건물이 노후화되면서 정비의 필요성이 제기됐다. 이에 건물주 등을 중심으로 1996년 '문화의 거리 발전 추진 위원회'가 구성됐고, 전국 최초로 지역 상인들이 주도적으로 지역 상권을 활성화하기 위한 사업을 벌여 1998년 '부평 문화의 거리'를 완성했다. 요즘 뜨는 상가지역에서는 장사가 잘되면 건물주가 임대료를 대폭 올리거나 세입자를 내쫓는 젠트리피케이션이 문제가 되고 있다. 부평 문화의 거리는 이와 달리 건물주, 세입자, 노점상 등 지역 발전을 원하는 이들이 모두 모여 발전 방안을 모색했고, 그 결과 현재의 모습을 갖추게 되었다.

한때 이곳 주변에 백화점과 아웃렛 등이 잇따라 들어서면서 문화의 거리 상권 침체가 우려되자 상인들은 2007년부터

부평문화의거리상인회 제공

1998년 준공식 기념사진(위)과 새롭게 단장된 부평 문화의 거리 입구(아래) 부평 문화의 거리는 1996년 전국 최초로 상인들이 주도하여 조성한 문화의 거리이다. 1998년 새롭게 단장되기 전까지 이곳은 노점상과 낡은 건물들로 상권이 쇠락해 있었다.

녹지 공간 마련을 위한 한 평 공원 조성, 자전거 거치대 설치 등 다양한 계획을 직접 추진했다. 부평 문화의 거리는 지난해 문화관광형 시장으로 선정되면서 계절마다 다양한 행사를 열고 있다.

최근에는 서울 경리단길의 이름에서 따온 '평리단길'이라는 애칭이 붙은 카페 거리가 생겨나기도 했다. 개성 있는 카페가 밀집해 있어 젊은 연인들의 데이트 장소로 호응을 얻고 있다. 입을 것, 먹을 것, 즐길 것이 없는 것 빼고 다 있는 부평 문화의 거리, 서울의 명동 저리 가라 할 만큼 많은 인파의 즐거움으로 흥겨운 거리다.

기네스북에 등재된 최대 지하상가

1호선 부평역 지하에 미로처럼 펼쳐져 있는 부평지하상가는 1,408개의 매장이 미로처럼 연결되어 '단일 면적 세계 최다 점포 수'를 가진 상가로 2014년 11월 기네스북에 등재되었다. 출구만 31개인 부평지하상가는 그 규모가 워낙 크고 복잡해 길을 잃기 쉽다. 사람이 많을 때면 일행을 잃어버릴 정도이다. 부평역을 이용하는 하루 평균 승객만 해도 2017년 12월을 기준으로 10만 767명이라고 하니, 부평지하상가를

부평지하상가의 내부(위)와 23번째 출입구(아래) 전국 최대 규모를 자랑하는 부평지하상가에는 무려 31개의 출입구가 있다.

이용하는 하루 평균 유동인구를 짐작해볼 수 있다.

상점이 많다보니 가격 경쟁과 아이템 경쟁이 이루어지면서 저렴하고 다양한 상품을 만날 수 있는 곳이기도 하다. 주말이면 쇼핑을 나온 인파로 넓지 않은 지하도가 북적거리고, 가까이는 인천과 부천에서 멀리는 의정부, 분당에서도 쇼핑을 하러 이곳을 찾는다.

수평으로 넓게 펼쳐진 쇼핑몰이라고 볼 수 있는 부평지하상가는 네 개의 지하상가가 합쳐진 것이다. 부평역에서 부평문화의 거리까지 일직선으로 뻗은 긴 지하상가는 주식회사 부평역지하상가에서 운영하는 '부평역지하상가'를 중심으로 '신부평지하상가'와 '부평중앙지하상가', '부평대아지하상가'가 합쳐진 것이다.

부평지하상가는 원래 1978년 국가보안상 대피시설, 즉 방공호로 지어진 것이다. 방공호이긴 하지만, 평상시에 시민들이 오갈 수 있게 개방돼 있어서 몇몇 상인이 현재의 신부평지하상가 위치에서 점포를 열기 시작했다고 한다. 1980년대부터 본격적으로 하나둘씩 모인 상인들이 상인연합회를 만들고, 안팎에서 이 일대를 '부평지하상가'라는 이름으로 부르기 시작해 오늘에 이른 것이다.

전국에서 벤치마킹하고 싶은 지하상가

부평지하상가가 다른 지하상가의 모델이 되는 또 다른 이유는 상인연합회가 자발적으로 설립한 주식회사에 의해 운영되기 때문이다. 지하상가의 운영이 체계적이고 투명하게 이뤄져야 한다는 생각으로 이곳 상인들은 2001년에 주식회사를 설립했다. 여기에 2011년과 2014년 두 번에 걸쳐 개보수 공사를 하면서 지하상가 상인들의 공동체의식이 강해졌다. 온라인이나 모바일 쇼핑족이 늘어나 오프라인 쇼핑몰이 위기를 맞는 상황에서 '힘을 합쳐서 위기를 탈출해야 한다'는 공감대 속에 지하상가 발전을 위해 애쓰고 있다.

지난해 12월에는 지하상가의 위축을 우려해 반대했던 부평역 주변 지상의 횡단보도 건설에도 흔쾌히 동의하면서 지역주민들과 공생하는 지하상가가 되기 위해 노력하고 있다. 장애인과 유모차가 지하상가에서 통행하기 쉽도록 편의시설을 갖추기도 하였다.

쇼핑과 함께 문화를 즐길 수 있도록 다양한 행사도 마련하고 창의적인 젊은이들이 지하상가에 입주하도록 노력하고 있는 부평지하상가의 요즘 주 고객은 다문화 주민들과 중국 관광객이다.

2017년 한 해 한국관광공사와 부평구청, 부평지하상가가 힘을 합쳐 부평지하상가에 유치한 외국인 관광객만도 수천 명에 달한다고 한다. 전국의 상인연합회와 지자체가 벤치마킹하기 위해 찾는 데는 이유가 있다.

09 차이나타운

국민 음식 짜장면이 탄생한 곳

짜장면이 탄생한 곳은 오늘날 인천 중구 차이나타운 지역으로 예전엔 이곳을 청관거리라고 불렀다. 지금으로부터 약 135년 전인 1884년에 조선정부와 청나라가 인천구화상지계장정(仁川口華商地界章程)을 체결하면서 현재의 중구 북성동과 선린동 일대 5,000평 부지에 중국인들이 살기 시작했는데, 이 과정에서 청관거리가 형성된 것이다.

개항 후 중국인들이 활보하던 청관거리

1884년 조선왕조의 종주국임을 자처했던 청나라가 일본에 뒤이어 청나라 사람들만 살 수 있는 조계지를 인천에 마련했다. 이보다 2년 앞선 1882년 구식 군대의 반란인 임오군란

때 이를 진압하기 위해 진주한 청나라 군대와 함께 들어온 군역(軍役)상인들이 이곳에 자리를 잡기 시작했다고도 한다. 인천 제물포항이 강제 개항된 것이 1883년이었으니, 인천에는 그보다 먼저 청나라 사람들이 들어와 모여 살기 시작했던 것이다.

이후 청관거리에는 청국영사관이 들어서고, 일종의 경찰서인 순포청, 전신업무를 담당하던 전보국을 비롯해 상업 점포 동순태(同順泰) 같은 건물들이 생겨났다. 청나라 사람들 특유의 상술을 발휘하여 청관거리를 확장해나간 것이다. 청나라 사람들은 1887년에 오늘날의 인천 중구 내동 지역에도 새로 거류지를 조성하고 '삼리채거류지'라 명명하면서 제2의 조계로 삼았다.

거기다 서해를 마주하고 있는 중국 산동반도에서도 사람들이 대거 몰려와 인천 곳곳에 채소 농장을 개간하기도 했다. 그중 일부는 노동자로 일하기도 하면서 청나라 사람 수가 급격하게 증가했다. 청국 거류지에는 주로 상인들이 거주하면서 생선전, 포목점, 청요리점, 이발소, 채소전, 호떡집과 같은 식품과 잡화류의 수출입에 종사했다. 그 결과 뒤늦게 제물포에 정착했음에도 불구하고 1890년대 초, 청나라 사람들은 수입 무역에서 일본인들을 능가했다고 한다.

이처럼 번성했던 인천의 청관거리도 일시적으로 몰락의 시기를 맞이했다. 조선과 만주를 둘러싸고 각축했던 일본이 인천 앞바다 풍도 해상에서 청나라 군함을 기습공격하면서 발발한 청일전쟁에서 청나라가 패배했기 때문이다. 하지만 1900년 무렵부터는 청나라 상인들의 활동도 다시 활기를 되찾아갔고, 일제강점기에 이르러서는 3만 명이 훌쩍 넘을 정도로 많은 청나라 사람들이 거주했다.

한국과 중국 식문화의 융합

한때는 한국인의 대표 외식 메뉴였고, 지금도 우리가 가장 즐겨 찾는 대중음식인 짜장면은 바로 인천 청관거리가 탄생한 이후 한국과 중국의 음식문화가 만나서 탄생한 퓨전음식이다.

짜장면은 국수에 여러 가지 고명과 춘장을 얹어 먹는 중국 전통 요리로 베이징(北京), 톈진(天津) 등지에서 널리 만들어 먹던 음식이다. 하지만 한국에서 먹는 짜장면의 맛은 한국인의 입맛에 맞게 가공된 것이라 중국 정통 짜장면과는 다르다. 중국식 한자 표기로는 '작장면(炸醬麵, 자지앙미엔)'이라고

하는 짜장면은 중국에서 인천으로 건너온 화교들이 만들어 팔기 시작한 음식이다. 인천에 건너온 산둥성 출신의 중국인 노동자인 쿨리(coolie)들이 노동하는 와중에 간편하게 먹기 위해 만든 음식에서 시작되었고, 이것이 점차 한국인 입맛에 맞게 변형되어 오늘날의 짜장면이 된 것이라는 설이 가장 유력하다. 작장면이라는 중국식 표기와 발음도 자연스럽게 자장면에서 짜장면으로 바뀌게 된 것이다.

짜장면이 언제, 누구에 의해 처음 만들어졌는지를 밝혀줄

짜장면박물관 제공

차이나타운에 위치한 짜장면박물관 1930년대 공화춘 모습부터 1960~1970년대에 이르기까지 짜장면의 탄생과 변천사를 볼 수 있다.

만한 자료는 거의 없지만, 정식으로 짜장면이란 이름으로 음식을 팔기 시작한 곳은 1905년 청관거리에 개업한 공화춘으로 알려져 있다. 지금은 이 공화춘이 있던 자리에 '짜장면박물관'이 건립돼 인천 차이나타운을 찾는 관광객들에게 짜장면의 역사를 생생하게 보여주고 있지만, 공화춘은 일제강점기 내내 청요리로 크게 이름을 날렸던 고급 요리집이었다.

공화춘에 이어 화교들은 일본인이 운영하던 대불호텔이 경인철도 개통으로 쇠락해가자 이 건물을 사들여 '중화루'라는 상호를 걸고 중화요리 전문점으로 운영했다. 이 음식점은 1970년대까지도 명맥을 유지하면서 인천의 대표적인 중국 음식점으로 이름을 날렸다.

인천의 대표적인 중국음식점인 중화루의 명성이 널리 퍼지면서 서울을 비롯한 전국에 화교들이 중화요리집을 개업하고 짜장면이 인기 외식 메뉴로 퍼져나갔으리라고 추정되고 있다. 그러나 짜장면이 전국적으로 퍼져나간 데에는 분단과 전쟁을 겪으면서 쌀을 먹기 힘들었던 배고픈 시절 탓도 컸을 것이다.

짜장면과 함께 한국인들이 가장 좋아하는 중국음식인 짬뽕의 기원에 대해서도 다양한 설이 있다. 일본에서 건너왔다는 설도 있고, 애초에 짬뽕은 고춧가루가 들어가는 매운 음식이 아니었다는 이야기도 널리 회자되고 있다. 짬뽕이 인기를 끌면서 짜장면과 쌍벽을 겨뤘던 중국식 우동이 밀려나기도 했다.

차이나타운 혹은 짜장면타운의 부활

1950년 한국전쟁의 발발과 함께 시작된 동서 냉전체제 속에서 중국이 공산화되면서 인천 청관거리는 차갑게 얼어붙었다. 중국 본토의 산둥성에서 건너온 대부분의 인천 화교들은 대만 국적으로 위장된 삶을 살지 않을 수 없었다. 게다가 박정희 정권의 강력한 국가주의 통제 아래 외국인토지소유금지법(1961) 같은 각종 차별과 억압을 받아야 했다. 한때 4,000명이 넘던 인천의 화교들 대다수가 이때 인천을 떠나 현재는 약 800여 명만이 살고 있다. 그래서 내가 대학생이던 1980년대 후반, 청관거리에 중국음식점이라고는 중국식 만두를 파는 '풍미'라는 음식점 하나뿐이었다.

동서 냉전체제가 허물어지고 1992년 한·중 간 국교수립 이후 쓸쓸했던 인천 청관거리에 서서히 훈풍이 불기 시작했다. 중국의 경제 성장과 함께 2005년 무렵부터 중구청의 주

차이나타운의 첫 번째 패루 중화가 패루는 중국식 전통 대문으로 전 세계 차이나타운에서 볼 수 있는 건축물이다. 인천 차이나타운에는 총 4개의 패루가 있다. 중화가는 인천역 건너편에 위치한 첫 번째 패루로 차이나타운의 시작을 알리는 문이다. 이 패루는 2000년에 목재로 세워졌다가 태풍에 쓰러진 후 석재로 다시 세워진 것이다. 이밖에도 인화문(동쪽), 선린문(북쪽), 한중문(서쪽)이 있다. 선린문 근처에는 벽화거리도 조성되어 있다.

도로 청관거리를 '차이나타운'으로 변모시키는 각종 개발사업이 급격하게 진행되었고 그것은 꽤 큰 성공을 거두었다. '중화가'라는 패루가 세워지고, 『삼국지』의 내용을 담은 벽화가 그려지고, 중국풍 경관의 건물과 가로가 조성되었다. 또 '짜장면축제'가 널리 홍보되면서 이곳으로 각종 자본이 몰려들어 지금은 30여 개가 넘는 중국음식점들이 즐비한 차이나타운에 수많은 인파가 찾아들고 있다. 다만 아쉬운 것은, 인천 차이나타운이 한·중간의 역사와 문화 교류의 다양한 진면목을 보여주지 못하고, 그저 '짜장면타운'으로 변모하고 있는 것이다. 차이나타운이 다양한 중국문화를 맛보고 즐길 수 있는 문화의 거리로 변화하는 날을 기대해본다.

10 화도진

최초 조약 체결지로 오해된 쇄국정책의 보루

화도진은 인천 동구 화평동에 위치한 문화유적이다. 이곳은 서양의 이양선들이 서해에 출몰할 때 강력한 쇄국정책을 펼치던 대원군이 인천의 방어를 위해 만든 군사령부와 같은 곳이다. 그런데 쇄국정책의 일환으로 만들어진 화도진에서 서양과 맺은 최초의 조약인 한미수호통상조약이 체결됐다? 사실일까?

화도진축제 속 화도진

인천광역시 동구청은 해마다 5월 22일을 전후해 이틀 동안 화도진공원과 동인천역 북광장 일대에서 화도진축제를 개최한다. 화도진 축성행렬 시가행진을 시작으로 진행되는 축제

복원된 화도진 입구(위)와 화도진 내 조미수호통상조약 재현 모습(아래) 1982년 한미 수교 100주년 기념으로 화도진 공원이 조성되었다. 화도진에서 체결되지 않은 조미수호통상조약을 기념할 것이 아니라 화도진 자체를 기념할 필요가 있다.

는 행렬이 화도진공원 동원에 도착하면 미국대사관 공보관들을 초대해 한미수호통상조약 체결 조인식을 재현하면서 본격적으로 축제가 시작된다. 이틀간 진행되는 화도진축제는 이날의 퍼포먼스를 제외한다면, 여느 축제들과 비슷한 유흥과 홍보와 먹거리로 꾸며진 축제이다. 애초에 화도진축제는 1990년 지방자치제의 실시가 확정된 직후 정월대보름 행사를 확대해 동구의 축제로 만든 마을 축제이자 기초자치단체의 소박한 축제였다. 개항 직후인 1879년 인천 앞바다의 해안 경계를 위해 설치된 화도진의 이름을 딴 축제로 기초자치단체의 축제치고는 28회째 거행되는 오래된 축제이기도 하다.

그런데 정작 화도진에 대해서는 잘 알려져 있지 않다. 대원군 섭정기에 병인양요(1866)와 신미양요(1871)가 잇따라 발발하고, 1875년에는 영종도에 일본군이 무단 상륙하는 운요호사건이 일어났다. 화도진은 수도 방어의 요충인 인천의 해양 경비를 강화하기 위해 급하게 만들어졌다. 1878년 고종의 지시로 어영대장 신정희가 축조해 1년간의 공사를 거쳐 1879년 7월 1일 포대와 함께 진사를 완공했다. 화도진과 함께 서구에는 연희진이 만들어졌다. 화도진은 대원군이 추진

국립중앙도서관 제공

화도진도 1 화도진도는 1879년에 제작된 군사지도로 두 장의 채색 필사본으로 이루어져 있다. 첫 번째 장은 인천부의 전체적인 지역 정보와 군사시설에 대한 정보를 담고 있다. 군사시설뿐만 아니라 당시의 산천 이름과 지금은 매립되어 사라진 연안의 섬 이름을 알 수 있는 소중한 자료이다.

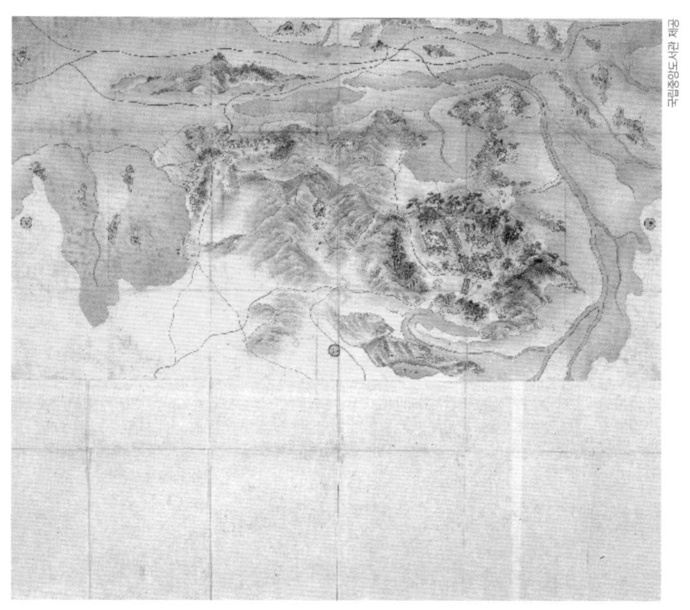
국립중앙도서관 제공

화도진도 2 두 번째 장은 화도진의 본부와 포대의 배치를 보여준다. 입체감이 살아 있는 회화식 지도로 화도진 옛 건물을 복원하는 바탕이 되었다.

했던 쇄국정책의 강력한 산물이다. 이곳은 흔히 강화도조약이라고 부르는 조일수호조규 체결 이후에 서양 외세의 침략과 이양선의 출몰에 대비해 수도를 방비하기 위한 최후의 보루였다. 대원군이 물러나고 고종의 친정 체제가 들어서면서 화도진은 별다른 대안 없이 폐쇄되었다. 지방 군사력의 중추였던 각 진영을 해체하거나 축소하는 가운데 화도진도 제 역할을 하지 못한 것이다.

한국전쟁을 거치면서 불타버린 화도진이 다시 복원된 것은 1982년, 광주민주화운동을 진압하고 들어선 전두환 정권에 의해서였다. 향토사학자 최성연 선생이 남긴 화도진 평면도를 바탕으로 화도진을 복원했고, 그 역사적 가치를 인정받아 인천시 지정 기념물 2호로 지정됐다.

인천의 향토사학자였던 최성연 선생은 1959년 간행한 저서『개항과 양관역정』에서 조미수호통상조약 체결 장소를 화도진이라고 단정했다. 미국 선교사이자 인천 내리교회 목사였던 존스 선교사가 1901년 1월에 〈코리아 리뷰(The Korea Review)〉란 잡지에 쓴「새로운 세기(The New Century)」라는 글을 근거로 한 것이다. 복원된 화도진 내에는 조약을 체결하는 모습을 재현해놓기도 하였다. 그러나 이후 학계에서 조미수호통상조약의 체결 장소로 구 영국영사관이 위치했던 올림포스호텔이 유력하다는 견해가 제시되었다. 이에 올림포스호텔에도 '조미수호통상조약 체결 장소'라는 표지석이 생긴 상태다. 그러나 이는 모두 잘못된 사실이다.

화도진의 역사적 의미

조약 체결 장소를 둘러싼 이러한 혼란은 2013년 9월 서울 세관 조사관에 의해 조미수호통상조약의 체결 장소를 보여주는 지도가 발견되면서 정리됐다. 자유공원 내 석정루 바로 아래 음식점(옛 한국관) 자리가 미국 공사관 부지라는 사실이 밝혀지면서 학계에서는 이곳에서 조약이 체결됐다고 확정적으로 판단하고 있다.

문제는 조미수호통상조약 체결 장소가 이처럼 새롭게 밝혀졌음에도 불구하고 인천시 문화재 당국이나 문화재청 등에서 이를 수정하려는 움직임을 전혀 보이지 않고 있다는 것이다. 조미수호통상조약이 체결된 장소가 확인된 후에도 체결지가 위치한 중구청은 적극적으로 나서지 않은 상태다. 더 문제인 것은 동구청이 새로운 사실을 무시하고 여전히 화도진축제 때 조미수호통상조약이 화도진에서 체결됐다며 조인식 재현 행사를 하고 있다는 것이다.

조미수호통상조약은 1882년 5월 22일 조선이 서양 국가와 맺은 최초의 조약으로, 1882년 당시에는 인천해관장의 관사에 건물이 지어지지 않아 우선 조약 체결을 위해 급하게 천막을 쳐서 조인식을 가졌다. 이 자리는 같은 해 6월 6일 영국과의 조약, 6월 30일 독일과의 조약도 체결한 장소일 가능성이 높다.

조미수호통상조약은 당시 조선에 대해 종주권 행사를 하려 했던 청나라가 일본의 대륙 진출을 막을 하나의 방편으로 제안한 조약이었다. 조선이 서양의 여러 나라와 국교를 맺음으로써 일본을 견제하자는 생각에서 청나라가 강요해서 맺은 조약이었던 것이다. 조미수호통상조약 체결과정에서 조선은 철저히 배제된 채 청의 이홍장과 미국의 슈펠트 제독 간의 4차례 천진회담을 통해 조약 체결이 결정되었다. 조선은 그렇게 서양 국가와의 최초의 조약이자 불평등한 조약을 미국과 체결하게 된다.

5월 22일은 조미수호통상조약 체결일이다. 인천 동구는 이날을 '동구 구민의 날'로 제정해 20여 년 동안 화도진축제를 열어왔다. 이제는 화도진에서 체결되지 않은 조미수호통상조약을 기념하는 잘못을 수정해야 한다. 화도진 그 자체를 동구의 역사적 자원으로 기리고 재해석하는 관점으로 축제를 전환해야 한다. 이를 위해서는 동구 구민의 날도 화도진이 설치됐던 7월 1일로 변경해야 한다. 그렇지 않으면 화도진 그 자체가 역사 왜곡의 현장이 될 수 있다.

11 구월동

돌고 도는 핫플레이스의 역사

하루 평균 유동 인구가 9만 명인 핫플레이스. 인천에서 가장 핫한 젊음의 거리. 주말 저녁엔 발 디딜 틈이 없을 정도로 열기가 뜨거운 곳. 바로 구월동 로데오거리다. 오늘날 인천광역시의 중심은 뭐니 뭐니 해도 인천광역시청이 위치한 구월동 일대이다. 그리고 이 일대에서도 가장 붐비는 곳이 바로 로데오거리. 구월동 뉴코아아울렛 뒤편에서 시작하여 롯데백화점 뒤편에 이르는 일대에 새로운 상가가 형성되고 젊은 이들이 몰려들기 시작하면서 10여 년 전부터 '로데오거리'라 불리는 거리가 탄생한 것이다. 백화점과 대형마트에 영화관이 3개나 들어와 있고 온갖 먹거리와 쇼핑거리로 즐비한 이곳이야말로 부평역 앞과 함께 인천에서 가장 핫한 장소다.

인천시청 옆 젖소 목장의 상전벽해

1981년 경기도 인천시가 인천직할시로 승격되면서 인천시의 인구가 늘고 시의 규모도 나날이 커졌다. 이 무렵 시청을 이전하자는 논의가 시작되어 1985년 구월동 허허벌판에 인천직할시청을 짓고 이전했다. 이것이 바로 이 일대가 인천의 새로운 중심지로 떠오르는 첫 번째 계기였다. 1995년 인천직할시가 다시 인천광역시가 되었고, 지금은 어느덧 인구 300만 명이 사는 대한민국 3대 도시로 부상한 인천. 그 중심지 구월동 일대가 상전벽해가 된 것이 불과 30년 남짓밖에 되지 않았다.

인천시청이 이전한 1985년 당시 구월동 일대에는 큰구월, 작은구월, 전재울, 큰성말과 같은 자연부락이 위치해 있었다. 현재 모습을 떠올려보면 믿기지 않겠지만, 젖소를 키우던 목장이 인천시청과 나란히 있었다. 현재 만월산으로 불리는 남동구의 산이 예전엔 주안산(朱雁山) 혹은 구월산(龜月山)이라고 불렸는데, 구월이라는 지명은 바로 구월산에서 유래됐다고 한다. 일제가 1914년 토지조사를 하면서 복잡한 한자를 쉽게 바꾼다는 명목으로 '거북 구(龜)'자를 '아홉 구(九)'자로 바꿔 오늘에 이른 것이다.

인천시청 이전보다 2년 앞선 1983년 9월 구월동에 인천 중앙도서관이 들어왔다. 당시만 해도 인천 학생들이 갈 만한 변변한 도서관은 율목동 언덕에 자리 잡은 시립도서관 하나밖에 없었다. 나는 구월동과 멀리 떨어진 동구 송림동에 살았지만, 신식 건물로 웅장하게 들어선 구월동 중앙도서관에 공부를 핑계로 친구들과 몰려다니던 기억이 아직도 생생하다.

바로 그 무렵 중앙도서관에서 공부 아닌 공부를 마치고 밖으로 나오면 전재울마을에 남아 있던 목장에서 젖소들이 내뿜는 게으른 울음소리가 들렸다. 이것이 불과 30여 년 전

구월동 로데오거리의 화려한 변신 현재 인천에서 가장 번화한 구월동 로데오거리는 1970년대까지 젖소 목장이 있던 허허벌판이었다. 1985년 인천직할시청이 이전하면서 구월동은 인천의 중심지로 부상하였다.

구월동의 모습이다.

100년 만에 되찾은 '인천의 중심'

구월동 일대가 인천의 중심지로 떠오른 두 번째 계기는 인천도시철도의 개통이었다. 1999년 10월 6일 인천광역시를 남북으로 가로지르는 인천도시철도 1호선이 개통됐다. 이후 구월동의 상권은 계속 확장돼 오늘날엔 미추홀구 관교동 지역까지 아우르는 넓은 지역이 되었다. 구월동에서 멀지 않은 곳에 인천의 옛 중심지였던 인천도호부와 문학산이 자리하고 있다. 그러고 보면, 인천의 중심지는 1883년 개항 이후 개항장이 있는 중구로 넘어갔다가 1980년대 들어 문학산 인근 지역의 구월동으로 다시 옮겨왔다. 100년 만에 옛 중심지가 있던 자리로 인천의 중심이 돌아왔다고 볼 수도 있을 것 같다.

중앙도서관에 이어 시청이 이전하고, 대규모 토지 구획정리사업이 진행되면서 구월동 일대는 급격하게 변모한다. 인천 대표은행이었던 경기은행이 구월동에 당시로서는 최고층으로 본사 건물을 신축했다.

1990년 3월에는 협소한 주안의 인천시민회관을 대신해 대규모 인천종합문화예술회관 건립에 착공해 1994년 4월 8

일에 개관했다. 부지 면적 1만 6,000여 평에 연건축면적 1만 3,000여 평 규모의 공연장과 전시실, 국제회의실, 예술정보실 등을 갖춘, 인천시 역사상 가장 큰 문화예술의 전당을 비로소 갖추게 된 것이다. 이곳에 시립교향악단, 시립합창단, 시립무용단, 시립극단 등 4개 예술단이 상주하면서, 문화의 불모지라 불렸던 인천에서 문화예술이 활성화되는 계기를 맞이했다.

인천문화예술회관 개관 직후, 문화예술회관 앞 거리에 자연스럽게 화방과 예술가들의 작업실 등이 들어서면서 민간

인천문화예술회관 제공

인천문화예술회관 전경 1994년 개관 이후 인천을 대표하는 문화공간이 되었다. 2019년 개관 25년을 맞이하여 노후화된 시설을 개선하고 야외광장을 새롭게 단장했다.

차원에서 구월동 '문화예술의 거리'를 조성하자는 움직임이 일어나기도 했다. 그러나 문화예술회관 인근에 인천터미널이 생기고 연이어 신세계백화점, 뉴코아백화점 등이 들어서면서 땅값이 천정부지로 상승했다. 자연히 이 일대에서는 젠트리피케이션이 일어나고, 2000년대부터 임대료 상승이 이어져 문화예술의 거리는 자리도 잡기 전에 사라지고 점차 먹자골목으로 변해갔다.

마주 보는 두 개의 먹자골목

인천시청에서 인천문화예술회관을 내려다보면 오른쪽에 위치한 골목이 흔히 수협사거리 골목이라고 말하는 먹자골목이다. 이곳은 상대적으로 나이가 지긋한 분들이 많이 찾는다. '인주옥'이나 '갈매기' 같은 오래된 대폿집을 비롯해 재즈카페와 음악카페 등이 많이 들어섰고, 밴댕이골목까지 형성돼 유명세를 탔다. 인천문화예술회관에서 공연을 본 후 뒤풀이를 하는 사람들로 수협사거리 일대는 언제나 활기가 넘친다.

수협사거리의 건너편에 새롭게 형성된 로데오거리 역시 음식점들이 즐비하긴 하지만 수협사거리와는 분위기가 사뭇 다르다. 스타벅스를 비롯한 다양한 커피전문점들뿐만 아니라 젊은층의 먹거리 취향을 반영한 음식점들이 생겼다 사라지고 있다. 또 교보문고, 알라딘 중고서점, 대형 팬시문구점을 비롯한 여러 상점이 들어서 젊은이들의 발길을 사로잡는다. 수협사거리에 노래방이 있다면, 아이돌그룹의 노래가 늘 흘러넘치는 로데오거리에는 댄스클럽이 있고 사주카페가 있다.

2019년 1월, 20여 년간 구월동 상권을 이끌었던 신세계 백화점이 떠나고 롯데쇼핑몰이 들어왔다. 이 일대는 계속해서 변화하고 진화하는 중이다. 수협사거리 골목에 위치한 어른들의 로데오거리와 문예회관 건너편 젊은이들의 로데오거리. 1980년대 중구 신포동이 누렸던 도시의 상권이 1990년대 잠시 주안역 일대로 옮겨가더니, 2000년대 이후 구월동으로 옮겨왔다. 요즘은 또다시 구월동과 멀리 떨어진 연수구 바닷가의 송도국제도시에 새로운 상권과 젊음의 명소가 탄생하고 있다고 한다. 구월동은 또 어떻게 변모해갈까?

12 북성포구

배 위에서 열리는 어시장

과거에는 인천 어디서든 해안가로 나가면 밀물과 썰물이 들어오고 나가는 갯벌과 바다를 만져볼 수 있었다. 그러나 지금은 공장과 항만시설이 들어차 있어 시민들이 바다를 접할 곳도 고깃배들이 드나들 포구도 별반 남아 있지 않다. 만석부두와 화수부두도 점점 위축되어 가는 가운데, 북성포구만이 유일하게 갯골을 따라 들어오고 나가는 어선들과 시민들이 만나 선상 파시를 여는 부두로 살아 있다. 인천의 유일한 파시가 열리는 북성포구는 어디에 있는가?

항만과 공장 사이에 숨어 있는 포구

서울에서 지하철 1호선을 타고 서쪽 끝으로 가다 보면 닿게 되는 종착역이 인천역이다. 인천역은 1960년대에 지어진 조그만 간이역이다. 작은 역사만큼이나 조그만 역 앞 광장에 서면 어디에서도 볼 수 없는 표지석 하나를 만날 수 있다. 돌로 만든 기관차 모형의 표지석인데 '한국철도 탄생역'이라고 적혀 있다. 우리나라 최초의 철도인 경인선이 1899년 인천역에서 노량진역까지 운행했다는 징표로 제작된 표지석이다.

인천역은 지금으로부터 물경 120년 전에 한국 최초로 철도가 운행됐던 곳이다. 그 당시 바다와 이어진 항구는 해외의 신문물을 싣고 들어오는 근대로 통하는 관문이었다. 동서

북성포구 입구 대한제분주식회사의 사유지로 외부인 출입을 금지한다는 안내문과 함께 빛바랜 북성포구 표지판이 애처롭게 서 있다.

양의 모든 문물이 바다를 통해 드나들었기에, 수도에 가장 인접한 인천항은 한국 개항의 중심지였던 것이다.

표지석을 뒤로하고 고개를 들면 눈앞에는 울긋불긋한 간판과 건물들이 즐비한 언덕이 펼쳐진다. 이곳이 그 유명한 인천 차이나타운이다. 그런데 인근을 둘러보아도 바다는 잘 보이지 않는다. 인천역에서 월미도 방향으로 5분 정도 걸어가다 보면 '인천항 8부두'라는 커다란 간판과 함께 화물차들이 분주히 오가는 곳이 나온다. 그러나 8부두의 일부분만 개방되어 있어서 내항은 일반인들이 출입할 수 없는 항만시설이다. 인천항의 바다는 국가에 의해 항만시설로 차단되었거나 공장이 들어서 있어 좀처럼 닿을 수가 없다. 월미도 끄트머리를 매립하고 조성한 문화의 거리에 가서야 바다를 만날 수 있다.

그렇다면 개항 당시 인천항의 원형을 간직한 해안은 현재 인천 중구의 원도심에 전혀 남아 있지 않은 것일까? 꼭 한 곳이 남아 있기는 하다. 인천역에서 보이는 차이나타운 언덕의 반대편, 월미도로 가는 길 중간 어름에 곰표 밀가루를 만드는 대한제분 공장으로 들어가는 길이 있다. 이 길로 걸어 들어가야만 겨우 만날 수 있는 숨어 있는 포구, 북성포구가 바로 그곳이다.

재래형 포구에서 만나는 선상 파시

북성포구는 '십자수로'라고도 불린다. 바닷물이 깊게 드나드는 갯골을 남겨두면서 인근의 갯벌을 매립하다 보니 어느덧 십자가 모양의 갯골만 남게 되어 '십자수로'라는 별칭을 얻었다. 이곳은 인천 동구의 만석부두, 화수부두와 함께 아직까지도 소형 어선들이 드나드는 재래형 포구의 모습을 간직하고 있다. 이른 아침 출어를 나간 어선들은 인천 덕적군도 근해에서 계절마다 나는 생선들을 잡는다. 비록 만선은 아니더라도 북성포구로 들어오는 어선들은 배 위에서 날것 그대로 생선 파시를 연다. 파시는 배 위에서 열리는 생선시장이다. 인천에서 선상 파시의 장관은 오직 북성포구에서만 볼 수 있는 풍경이 되었다. 때때로 물때가 맞아 북성포구에 황혼이 깃들 때 어선들이 들어오면, 인천에서 가장 인천다운 풍광과 삶의 냄새를 선사하는 곳, 그곳이 바로 아는 사람만 찾아가고 아는 사람만 사랑한다는 북성포구다.

이 마지막 남은 북성포구도 이제 얼마 지나지 않아 영영 사라질지 모른다. 바로 인천지방해양수산청이 이곳에 준설

북성포구(위)와 선상 파시(아래) 북성포구는 가장 인천다운 바다 풍경을 간직하고 있는 곳이다. 작은 어선들이 드나드는 포구와 잡아온 생선을 배 위에서 바로 파는 선상 파시는 북성포구에서만 만날 수 있는 풍경이다.

토 투기장을 조성한다며 추진하고 있는 매립사업 때문이다. 2010년 12월 일부 주민들이 주거환경 개선과 지역발전을 위해 매립 청원을 하였다. 이를 받아들인 인천시와 중·동구가 현재 북성포구 매립에 앞장서고 있다. 북성포구 전체 10만 평 중 가장 악취가 심한 2만 평을 매립하여, 항만 환경을 개선하고 향후 공공시설 도입을 통해 지역주민 삶의 질 향상을 도모한다고 한다.

악취문제의 해결과 준설토 투기장이 무슨 상관이 있는 것일까? 악취와 오폐수 문제는 굳이 매립이 아니더라도 해결할 수 있는 대안들이 있다. 그럼에도 불구하고 마치 북성포구가 오염원인 것처럼 호도하면서 매립을 선택한 이유는 무엇일까? 지역사회 발전이라는 명분으로 북성포구 일부를 매립하고, 그 매립된 땅을 또 다른 용도로 활용하고자 하는 목적이 크다.

인천시는 북성포구 부두의 어항 기능은 대부분 유지시켜 선상 파시 등 본래의 가치는 존치하겠다고 한다. 그러나 매립된 토지 위에 주상복합건물을 짓고 회센터, 주차장 등을 건설해서 소래포구를 뒤쫓아가는 것이 북성포구의 가치를 살리는 일인지 다시 한번 진지하게 검토해봐야 한다. 북성포구는 모든 국민들이 공유해야할 공공자산이다. 국민 세금 300억 원을 들여서 특정인이 독점하는 상업적 공간으로 변질된다면, 이는 공공성이 결여된 개발 사업일 뿐이다.

매립으로 지워버린 해안선의 마지막 숨구멍

인천은 경제 논리와 개발 논리로 매립과 매립을 거듭해오면서 바다가 사라져버린 이상한 항구도시가 되어버렸다. 그런 인천에 마지막 남은 보석 같은 해안포구 북성포구. 인천 출신의 한 문필가는 다음과 같이 그 가치를 언급했다.

> 북성포구는 고깃배가 제 편한 대로 아무렇게나 닿는 야매(野昧)한 공간이다. 도시의 뒷간 같은 이 후미진 곳을 애써 찾는 이들이 적지 않다. 필자도 그중 한 사람이다. 아예 이곳의 '홍보대사'를 자임하고 있다. 외지인들과 인천기행 할 적마다 맨 마지막 코스는 거의 이곳이다. 대한제분 공장 옆길이 아닌 만석동 고가도로 아래쪽 길을 일부러 택해 포구로 향한다. 공장 담이 만든 좁은 골목과 다닥다닥 붙은 횟집을 거쳐, 드디어 포구로 나오면 백이면 백 모두 감탄사를 내지른다. "와우, 판타스틱!" 신포동, 자유공원, 차이나타운을 지나오면서도 나오지 않았던 탄성

이다. 여기에 노을까지 깔리면 그들은 거의 실신 상태에 빠진다. (……) 사람이나 도시나 너무 예쁘기만 하면 질린다. 송도, 청라로도 인천의 화장술은 충분하다. 묵은 내 나고 못생긴 포구 하나 정도는 남겨 둬도 좋지 않을까.

— 유동현 「북성포구를 부탁해」[3]

이 글을 쓴 필자는 아주 소박하게 있는 그대로의 북성포구가 가진 묵은 가치를 술회했지만, 북성포구는 결코 묵은 내 나는 못생긴 포구만은 아니다. 인천 원도심에 유일하게 남아 있는 바다로 열린 창이다. 굳이 많은 세금을 들여서 멋들어지게 꾸미지 않더라도 오폐수를 정화하고 악취 발생 원인을 없앨 수 있다. 여기에 물량장과 화장실, 횟집들이 좀 더 여유롭게 운영될 수 있는 공간적 지혜를 발휘한다면 북성포구는 인천의 유일한 갯골포구로 명소가 될 것이 분명하다.

혹자는 21세기를 해양의 시대라고 부르기도 했지만, 북성포구를 있는 그대로 살려두는 일은 큰 의미가 있다. 바로 우리들이 지난 한 세기 동안 당장의 필요에 따라 매립해서

3 〈인천일보〉, 2016년 11월 25일.

지워버린 해안선의 마지막 숨구멍이자 혈맥을 살려두는 일이다. 매립으로 점철된 개발의 시대를 지나 바다와 마주 보며 공생하는 삶의 지혜를 발휘해달라고, 오늘도 인천 북성포구는 거친 숨을 몰아쉬면서 통통거리며 돌아올 어선들을 기다리고 있는지도 모른다.

13 동일방직공장

인천 여성노동운동의 산실

요즘은 잘 쓰지 않는 말 중에 '여공'이라는 말이 있다. 이것은 '여자 공원'의 줄임말로 추정된다. 요즘 말로 하면 여성 노동자라고 할 수 있겠다. 요새는 공원이라는 말도 잘 안 쓴다. '공돌이', '공순이'란 저속어도 유행했었지만, 힘든 노동으로 우리 사회를 떠받치는 사람들의 권익을 보호하기 위해 노동자라는 말이 일반화되었다. 노동자란 말이 널리 사용되기 전부터 인천에는 참으로 많은 여공이 있었다. 이런 인천 공장 노동자들의 땀 내음 나는 역사가 담긴 곳이 바로 동일방직공장이다.

최초의 노동조합과 노동쟁의의 도시

1883년 개항 이래 인천에는 도시 인프라가 구축되고 부두와 공장이 들어서면서 일자리가 많이 생겼다. 윤진호 교수의 연구[4]에 따르면, 한국 최초의 노동조합이 설립된 곳이 바로 인천항이었고, 이 노동조합에서 1892년 이전에 이미 노동쟁의가 일어났다고 한다.

그전까지는 1898년 함경남도 성진에서 부두 노동자 47명에 의해 창립된 성진부두노동조합이 한국 최초의 노동조합으로 알려져 왔다. 그런데 인천에서 발간된 일본어 신문 〈조선신보〉에서 1892년 이전 인천항에 이미 두량군들의 조합이 결성됐다는 사실이 확인된 것이다. 두량군이란 일본, 조선 양국이 미곡을 매매할 때 미곡의 양을 정확히 계량하는 두량(斗量) 일을 하는 노동자를 말한다. 이들 두량군조합은 일본 상인뿐만 아니라 조선 상인을 상대로 한 파업도 일으켰고, 조합원 수도 대략 250명이 넘었다고 한다.

개항 이후 동구 만석동 지역을 중심으로 경공업지대가 형성되면서 많은 노동자들이 일하게 됐다. 일제강점기 인천 지

---

4 윤진호, 「개항기 인천항 부두노동자들의 생존권 투쟁」, 〈황해문화〉 2014년 여름호.

역 노동자들에게는 경제적 빈곤 문제 해결을 위해 단결하는 것이 시급한 과제였지만, 이들의 노동쟁의는 항일투쟁의 성격을 띠기도 했다. 대부분의 공장이 일본인들에 의해 관리되고 총독부나 인천부도 일본인들을 위한 산업정책을 펼쳤기 때문이다.

개항 이후 산발적이고 자연발생적으로 일어났던 인천 지역의 노동운동은 1920년 노동단체 '조선노동공제회 인천지회' 등이 설립되면서 조직화되었다. 1924년 인천노동총동맹이 결성되자 지역 내 노동운동은 드디어 일제 및 기업가와의 투쟁이라는 노동운동 본연의 성격을 띠기 시작했다. 그 결과 업종별 노조의 결성이 잇따랐고, 그 수도 1920년대에 들어서며 10여 개에 달했다고 한다.

정미소와 성냥공장 여공들의 노동운동

일제강점기 인천에서 벌어진 다양한 노동운동 중에서도 특별히 눈길을 끄는 것이 바로 인천 여공들의 노동운동이었다. 가장 먼저 일어난 파업은 부둣가 근처의 정미소에서 일하던 선미 여공들의 투쟁이었다. 일제 치하에서 쌀의 일본 유출이 많았던 인천항 주위엔 벼를 현미로 만드는 매가리업과 현미를 백미로 만드는 정미소들이 많았다. 공장에서 품을 파는 노동자만 3~4,000명에 이르렀고, 정미소의 쌀 고르는 일 즉 '선미업'에 종사하는 여직공만 해도 수천 명에 이르렀다. 선미업 여직공들의 비참한 생활상과 경영진의 횡포에 대한 불만은 자연스럽게 여러 차례의 집단행동으로 이어졌다. 하지만 1920년대 전반기까지 지역 노동운동을 주도해온 정미업 노동운동은 일제의 탄압이 거세지며 쇠락의 길을 걸었다.

선미 여공들에 이어 인천 여공들이 투쟁에 나선 곳은 인천의 성냥공장이었다. 인천에는 다른 어느 지역보다 일찍이 성냥공장이 생겨서 '인천의 성냥공장, 성냥공장 아가씨~'로 시작하는 군가가 한동안 크게 유행하기도 했다. 성냥공장의 일본인 경영주들은 여공들에게 가혹한 노동을 시키면서도 부당하게 적은 임금을 지급했다. 그뿐만 아니라 어린 여공들에게 인간적인 모욕을 주는 일이 많아 여성의 권리를 찾는 항의성 파업이 허다하게 일어났다. 대표적인 회사가 인천 배다리에 위치했던 조선인촌주식회사(朝鮮燐寸株式會社)이다. 1932년 5월 2일 오전 10시, 성냥공장의 여공 361명이 '임금 인하 반대', '8시간 노동제'를 표방하고 동맹파업에 돌입했다. 일본 경영주를 상대로 한 이 노동쟁의는 다음 해까지 계속되었다.

쌀을 고르고 있는 정미소 여공들 선미 직공들은 휴일도 없이 1일 평균 10시간의 노동에 혹사당했으나 평균 임금은 고작 35전에 불과했다. 당시 냉면 한 그릇이 10전 정도였다고 하니 매우 헐한 임금이었다. 여기에 기계의 도입으로 실직에 대한 공포감까지 겹치면서 여직공들의 생활은 형용할 수 없을 만큼 비참했다. 당시 신문들은 '눈물과 피를 긁어먹는 정미소'라는 표현으로 정미소를 고발하기도 했다.

유신시대까지 이어진 노동운동의 현장

1930년대 인천의 노동운동은 양적으로 크게 성장했을 뿐만 아니라 질적으로도 크게 발전했다. 경제적 요구를 넘어 정치적인 항일투쟁의 성격을 띠었던 것이다. 가장 대표적인 노동운동이 대규모 공장인 인천 동양방적공장에서 1936년에 일어났다.

여공들이 대부분인 동양방적 노동자 2,000여 명이 아침식사 문제로 동맹파업을 준비하자, 회사 측에서 그 낌새를 알아채고 주동자 12명을 먼저 해고했다. 인천경찰서도 회사 측에 협조하여 노동자 7명을 검속했다. 그러자 이에 불만을 품은 노동자들의 항의로 사태는 점차 험악해졌고, 동양방적의 노동운동은 결국 해를 넘겨 1937년 1월 다른 공장의 동맹파업으로 이어졌다.

인천에서 진행된 항일운동 성격의 노동운동에 대해서는 1934년 〈동아일보〉에 연재됐던 소설가 강경애의 장편소설 『인간문제(人間問題)』에 잘 표현되어 있다.

> 조선의 심장지대인 인천의 이 축항은 전 조선에서 첫손가락에 꼽힐 만큼 그 규모가 크고 또 볼 만한 것이었다. (……) 노동자들이 무리를 지어 쓸어 나온다. 잠깐 동안에 수천 명이나 되어 보이는 노동자들이 축항을 둘러싸고 벌떼같이 와, 와, 하며 떠들었다. 그들은 지게꾼이 절반이나 넘고 그 외에 손구루마를 끄는 사람, 창고로 쌀가마니를 메고 뛰어가는 사람, 몇 명씩 짝을 지어 목도로 짐을 나르는 사람, 늙은이, 젊은이, 어린애 할 것 없이 한 뭉치가 되어 서로 비비며 돌아가고 있다.

작가가 '조선의 심장지대'라고 명명한 인천. 그러나 그 인천의 심장지대라 할 축항의 풍경은 을씨년스럽다. 이곳이 제국주의 자본의 수탈을 위해 축조된 거대한 도시 공간으로 그려졌기 때문이다. 그러나 그 속에서 일하는 부두노동자들의 모습은 그와는 대조적으로 활기에 찬 생동감 있는 모습으로 그려졌다. 수천 명 축항 부두노동자의 일원으로 굳세게 살아나가는 첫째를 비롯하여 대동방직공장의 여성노동자로 살아가는 선비와 간난이, 인텔리에서 노동자로 전신하는 신철 등이 『인간문제』의 주인공들이다.

장편소설 『인간문제』의 여공들이 투쟁했던 동양방적공장

김영동 제공

동일방직공장의 현재 모습 1934년 일제가 세운 이 역사적인 공간은 지난 2017년 83년 만에 문을 닫았다. 사진 속에 보이는 풍경은 늘어선 공장 건물들의 지붕이다. 이 터는 민간 소유로, 인천시가 매입하지 않는 한 언제든 개발을 위해 매각될 수 있는 상황이다.

은 해방 후 동일방직으로 상호를 변경하고 대규모 방직공장으로 운영돼왔다. 이곳 동일방직에서 1970년대 여성노동운동의 최대 사건인 '똥물투척사건'이 일어났고, 이 사건을 계기로 유신정권의 독재정치에 항거하는 대규모 민주화운동이 일어났다는 것은 결코 우연이 아닐 것이다.

선미 여공들이 일했던 정미소나 성냥을 만들던 여공들의 한이 서린 성냥공장도 사라지고 말았지만, 동일방직은 지금도 그 자리에 남아 있다. 1930년대부터 1970년대에 이르기까지 여공들의 지난한 생존권 투쟁이 벌어졌던 역사의 현장인 동일방직공장. 공장 뒤편으로는 기숙사에 갇혀 있던 여공들이 어렵사리 휴일을 즐기던 북성포구가 펼쳐져 있다. 우리 근대의 역사와 문화가 고스란히 남아 있는 동일방직 건물이 산업과 노동운동의 유산으로 잘 보전되길 바란다.

14 시립율목도서관

일본인 별장이 학생들의 도서관으로

요즘 듣기 어려운 속담 중에 '개천에서 용 난다'는 말이 있다. 말 그대로 작은 개천에서 하늘로 승천하는 신령스러운 용을 길러냈다는 말로, 가난한 집안이나 환경에서 훌륭한 인재를 배출했을 때 쓰던 말이다. 그런데 요즘은 이 말을 잘 들을 수가 없게 되었다. 그만큼 훌륭한 인재를 길러내는 교육이 부모의 재력에 의지하지 않고서는 어렵게 된 세태를 반영한 것일 테다.

인천 학생들의 꿈과 추억이 서린 도서관

인천의 바닷가가 멀리 내려다보이는 중구 율목동 언덕에 자리 잡은 시립도서관. 지금은 인천광역시립율목도서관이라는 이름으로 바뀌었지만, 40년 전만 해도 인천의 유일한 공립도서관이었다. 인천시립도서관은 개천에서 용이 되고자, 학교가 끝난 뒤에도 무거운 책가방을 들고 언덕을 올랐던 인천 학생들의 꿈이 서린 장소다. 토요일 오후나 일요일 아침엔 조금만 늦게 도착해도 도서관 입구에 길게 늘어선 줄 끝에서 오랜 시간을 기다려야 자리를 잡을 수 있었다. 1980년대에 학생이 5원을 내면 노란색 열람증을 나눠주고, 일반인은 10원을 내고 파란색의 열람증을 받았다. 그걸 가지고 들어가서 공부하다가 퇴실할 때 이름과 소속을 기재해 제출해야 했던 기억이 아직도 선명하다.

자그마한 인천시립도서관은 의외의 데이트 장소이기도 했다. 남녀공학이 드물었던 그 시절 도서관은 학생들이 자연스럽게 이성을 만날 수 있는 곳이었기 때문이다. 물론 당시의 인천시립도서관에도 남학생과 여학생 열람실이 별도로 설치돼 있었지만, 일반열람실만큼은 남녀 학생들이 함께 뒤섞여 공부하던 곳으로 단연 인기가 높았다. 학생들이 삼삼오오 모여 라면이며 우동으로 끼니를 해결했던 구내식당에서 어여쁜 여학생이나 멋진 남학생과 눈이라도 마주치면 그날 공부는 헛수고이기 일쑤였다.

우리나라 최초의 공립도서관

이렇듯 인천 학생들의 꿈과 추억이 서린 인천시립도서관의 역사는 멀리 1920년대로 거슬러 올라간다. 세간에는 우리나라 최초의 공립도서관이 1922년 10월 5일 명동의 한성병원에 개관한 경성부립도서관이라고 알려져 있다. 이 도서관은 1927년 5월 소공동의 대한제국 영빈관이었던 대관정 건물로 이전했다가 두 차례 이름을 바꾸고, 1965년 1월 27일 현재 위치인 남산으로 이전하여 남산도서관으로 오늘날까지 이어지고 있다.

인천시립도서관은 경성부립도서관보다 1년 정도 빠른 1921년 11월, 인천부가 지금의 중구 송학동 자유공원에 있던 청광각(淸光閣)을 매입하여 1922년 1월 6일에 개관한 인천부립도서관의 후신이다. 그러니까 인천시립도서관은 우리나라 최초의 공립도서관인 셈이다. 청광각 건물은 오늘날 인천 자유공원의 맥아더 장군 동상이 위치한 자리에 있었다. 이 건물은 1883년 인천항의 개항 이래 독일의 무역상사에서 건립한 최초의 서양식 양관인 세창양행 사택 건물이었다. 도서관 건물조차도 매우 의미가 깊은 역사적 건축물이었던 것이다.

1922년에 개관한 인천부립도서관에는 900여 권의 장서가 소장되어 있었다고 한다. 비록 식민지시대일망정 다양한 서적들을 수집하고 보관하여 당시의 지식인과 학생들에게 새로운 지식을 고루 나누어주던 근대적 도서관이었던 것이다.

인천의 발전과 함께한 도서관의 역사

인천부립도서관은 개관한 지 20년 가까이 되었던 1941년 4월 신흥동2가 221번지에 위치한 구 경성지방법원 인천지청을 개수하여 확장·이전하였다가, 1945년 8·15해방을 맞아 임시 휴관했다. 도서관 건물을 일시적으로 인천중학교로 사용하기도 했다. 1946년 12월, 당시에는 밤나무골이라고 부르던 현재의 도서관 위치인 율목동 242번지에 재개관했다. 이곳은 원래 인천 정미업계의 큰손이었던 리키다케 헤이하치의 별장이었다.

1950년에 일어난 6·25전쟁은 그 어떤 사건보다도 인천에 막대한 피해를 주었던 역사적 사건이었다. 인천시립도서관도 예외는 아니어서 우리 근대사의 여러 귀중한 자료들이 전쟁의 포화 속에 사라졌다. 망실한 장서의 수가 무려 5,000여 권에 달한다고 하니, 당시의 지식 전달 수단으로써 책이 가지고 있는 중요성이나 그 규모를 감안할 때, 커다란 손실이라 하지 않을 수 없었다. 도서관은 전쟁 중에 무기한 휴관을 하다가 1952년 10월에 이르러서 다시 문을 열었다. 이후 율목동 시립도서관은 인천의 도시 발전과 궤를 같이하며 성장을 거듭해 인천 출신의 많은 지식인과 학생들에게 지적 영양분을 공급하는 곳으로 자리를 잡았다.

한 나라의 문화적 성숙도를 보려면 그 나라의 도서관에 가보라는 말이 있다. 도서관이 부실한 나라치고 미래가 밝은 나라는 없을 것이다. 아무리 전자정보매체의 발전이 급속하게 이뤄져도 책으로 대변되는 활자 문화를 통한 지식의 전달과 수용은 오늘날에도 가장 중요한 지적 행위임에 틀림없다.

1970년대까지도 율목동 시립도서관은 일제강점기부터 소장해온 고서와 일본어 서적 1,148권과 양서 3,540권, 〈대중일보〉를 비롯한 인천 지역 신문 원본을 포함하여 십만여 권의 장서를 소장하고 있는 인천의 유일한 도서관이었다. 1980년대 초 남동구에 인천중앙도서관이 신축되고 이후 각 구마다 공립도서관이 생기면서, 인천의 가난한 동네에서 몰려들어 책과 씨름했던 학생들이 크고 작은 용으로 입신양명했던 과거의 영광을 뒤로하고 시립도서관은 조금씩 쓸쓸해졌다. 인천의 대표 도서관이라는 명예마저도 오래된 장서와 신문

시립율목도서관 별관 일제강점기에 일본인 별장으로 사용되었던 이 건물은 보수를 거쳐 현재 율목도서관의 어린이 자료실로 사용되고 있다.

자료들과 함께 남동구에 새로 생긴 미추홀도서관에 넘겨주고, 시립율목도서관으로 재개관한 것이 2011년의 일이다.

지금도 시립율목도서관에 가보면 리키다케 정미소를 운영했던 일본인 별장의 흔적이 곳곳에 그대로 남아 있을 뿐만 아니라, 개천에서 용이 나던 시절과 마찬가지로 인천 앞바다가 시원스레 내려다보인다. 젊은 시절의 푸른 꿈이 서린 인천시립도서관을 만나고 싶다면 오래된 '긴담 모퉁이' 길을 거쳐 한적해진 시립율목도서관으로 이어지는 길을 걸어 올라가보시길.

15 인현동

청춘의 만남의 장소, 동인천역과 삼치골목

국철 1호선 동인천역과 그 건너편 인현동 일대는 한때 인천에서 가장 번화했던 곳이다. 일제강점기에도 사람들이 가장 많이 이용했던 기차역은 상인천역이라고도 불렸던 동인천역이었다. 옛 지명을 따 '축현역'이라고도 불렸던 동인천역에서 서울로 통학하는 인천의 학생들이 자연스럽게 모여 청년운동을 전개하기도 했다.

인천 서쪽에 있는 동인천역

축현역이 동인천역으로 개명된 건 1940년대 무렵이다. 오늘날의 인천광역시 전체 지도로 보면 서쪽 지역에 해당하는 역을 왜 '동인천역'이라고 불렀을까? 그 이유는 일제강점기 인천 시정의 중심지를 지금의 중구청인 인천부청으로 설정해 보면 인천역이 서쪽에 위치한 반면 축현역은 동쪽에 위치했기 때문이다. 1940년대 초에 일제가 붙인 동인천역이라는 명칭은 오늘날까지도 변하지 않고 이어지고 있다.

인천의 가장 큰 역인 동인천역에는 커다란 광장이 자리하기도 했다. 시계탑이 있는 이 광장은 핸드폰이 없던 시절, 사람들이 만나는 장소로 주로 사용되었다. 오가는 인파가 많은 동인천역 광장 주변에서는 서민들에게 한 개비씩 담배를 파는 할머니들이 노점장사를 하기도 했다. 동인천역 광장이 없어진 건 지금으로부터 30년 전, 철도청의 민자복합역사개발 때문이다. 동인천역에 세워진 민자복합역사로 탄생한 인천백화점은 인천 최초의 백화점이었지만, 1990년대 이후 상권이 구월동으로 이전하면서 지난 십수 년간 폐허처럼 방치되다가 철도공사에 반환될 상황에 이르렀다.

가난한 청춘들의 추억이 서린 삼치골목

동인천역 광장이 없어진 후 인천 사람들이 만나는 장소로 가장 많이 애용된 곳이 동인천역 건너편 인현동 대한서림 앞이다. 공중전화 부스와 함께 노점이 자리 잡은 대한서림 앞은

1980년대 친구나 애인을 기다리는 젊은이들로 늘 붐볐다.

이들이 만나서 주로 가는 곳이 인현동 카페 아니면 인현동과 맞붙은 전동(典洞)의 삼치골목이었다. 한때는 전동 삼치골목보다 더 성황을 이루었던 값싼 대폿집 골목이 경동 애관극장 뒤쪽 언덕에 자리하고 있었다. 영주집을 시작으로 고모집, 이모집, 삼촌집 등의 상호를 단 이곳 골목의 주 메뉴는 빈대떡. 좀 여유가 있을 때는 감자탕도 먹었지만, 가장 싸고 푸짐한 술안주가 빈대떡이었다. 그 비좁은 홀과 방안에 모여 군대 가는 친구를 환송하며 '입영전야'를 목 놓아 부르던 시절의 추억은 이 골목이 정비돼 사라지면서 함께 희미해졌다.

이모집 골목이 사라진 후 인천의 돈 없는 젊은 청춘들이 주로 찾았던 곳이 바로 전동 삼치골목이다. 생선으로는 별 인기가 없어 버리곤 했던 삼치를 이 골목에서 처음 튀겨서 판 곳은 삼치골목의 원조 격인 '인하의 집'이었다.

6·25전쟁 때 황해도에서 피난 내려온 홍재남(2006년 사망) 씨 부부는 인천 막걸리인 '소성주'를 만드는 대화양조장에서 술독을 닦는 허드렛일을 하다가 양조장 앞에서 밥장사를 시작했다고 한다. 그런데 끼니때면 일꾼들이 막걸리를 들고와 안주 없이 술을 먹는 모습을 보면서 안타까워하다가, 연안부

인하의 집 전경(위)과 삼치 메뉴(아래) 인하의 집은 1972년부터 지금까지 전동 삼치골목을 지키고 있는 원조 삼치구이 가게다. 가난한 일꾼들을 위해 버려지던 삼치를 튀겨주던 것이 지금에 이르고 있다.

두에서 버려진 뉴질랜드산 생선을 가져와 튀겨서 일꾼들에게 내놓은 것이 삼치구이의 원조가 된 것이다. 버려진 생선이 최고의 맛을 내는 안주로 재탄생한 셈이다. 양조장이 문을 닫으면서 부부는 1972년 '인하의 집'이라는 간판을 내걸고 장사를 시작했는데, 이듬해 '인천집'이 들어서고, 이후 여러 삼치집이 하나둘 생겨나기 시작해 현재에 이르게 되었다.

내가 처음 이 삼치 맛을 알게 된 것은 대학 입시에 낙방했던 1985년이었다. 1980년대에 저렴한 삼치 맛이 입소문을 타고 널리 알려지면서 주머니가 허전한 청년들로 문전성시를 이루기 시작했다. 그 무렵 나도 '인하의 집'을 찾았던 기억이 지금도 생생하다. 테이블이 바짝 붙어 있어서 옆과 앞 테이블의 손님들과 어깨를 겯고 등을 마주 대고 막걸리에 삼치를 먹었는데, 하도 왁자지껄해서 정작 대화가 거의 불가능했다. 막걸리 한 주전자 1,200원에 삼치구이 900원, 오징어숙회 900원, 빈대떡 500원. 실컷 취하도록 먹어도 만원을 넘기기가 힘들었던 '인하의 집'의 파격적인 성공 이후, 삼치골목에 줄지어 가게들이 들어섰다.

청춘의 거리에서 일어난 화재참사

삼치골목은 원래 축현초등학교의 담장과 나란히 형성됐다. 그런데 축현초등학교가 연수동으로 이전하고 지금 그 자리에는 인천학생교육문화회관이 들어섰다. 동인천역 일대가 한때 인천에서 중·고등학교가 가장 많았던 곳이라 일찍부터 학생들을 위한 가게들이 많이 형성됐기도 하다.

동인천역에서 삼치골목을 찾아 올라오다 보면 마주하게 되는 '대동학생백화점'은 학생들만을 위한 문구전문점으로 1980년대 초반에 만들어져서 스낵코너를 운영하면서 인기를 끌기도 했다. 디제이가 전해주는 팝송을 들으며 스낵코너에서 군것질을 하던 곳이다. 주변에 명물당 등 쫄면을 파는 분식점들도 많았다. 그러나 지금도 그 자리를 지키고 있는 대동학생백화점을 제외하고는 1990년대 이후 경쟁과 입시 지옥에 내몰리는 학생들이 스트레스를 해소할 공간은 점점 줄어들었다.

1999년 이곳에서 끔찍한 인현동 화재참사가 터졌다. 사고는 1999년 10월 30일 저녁 7시경 인현동에 위치한 4층 상가건물에서 발생했다. 건물 2층 라이브II 생맥주집과 3층 당구장에 있던 10대 청소년 등 손님 52명이 불에 타거나 연기

인천학생교육문화회관(위)과 인현동 화재참사 위령비(아래) 인천학생교육문화회관은 인현동 화재참사로 희생된 청소년들의 죽음을 위무하고 청소년들의 건전한 여가생활을 위해 건립된 시설이다. 인천학생교육문화회관 뒤편에는 화재 사고로 희생된 학생들을 위한 위령비가 세워져 있다.

에 질식해 숨진 안타까운 사고였다.

이때 인천 시내 10여 개 고등학교에서 가을축제가 있었고, 가을축제가 끝난 후에, 뒤풀이를 하던 많은 청소년들이 있지도 않은 비상구와 비상계단을 찾아 갈팡질팡 헤매다 졸지에 죽거나 부상하는 참혹한 일이 벌어졌다. 불은 출동한 소방차 15대와 구급차 19대, 소방관 180명과 경찰관 160명이 진화에 참여하여 35분 만에 꺼졌지만, 모두 52명의 학생들이 화마에 스러졌다.

학창시설의 추억과 아픔을 간직한 동인천역 앞 인현동을 둘러보자. 내처 인천축현초등학교가 이전된 자리에 건립된 인천학생문화회관 옆에 마련된 인현동 화재 참사 위령비도 찾아보면 좋겠다. 뜻 맞는 이와 함께 갔다면 삼치골목에 가서 푸짐한 안주에 막걸리를 한잔해도 좋을 것이다.

16 내리교회

감리교회 선교활동의 거점

개항장 인천은 조선 최초의 기독교 포교지이다. 조선 후기부터 대원군 집정기까지 천주교가 가혹한 탄압을 받고 시련 속에서 주춤하는 사이 개신교는 1882년 조미수호통상조약을 체결한 이후부터 조선 선교사업을 모색하기 시작했다.

1885년 4월 5일 부활절 아침, 선교사인 언더우드(H. G. Underwood)와 아펜젤러(H. G. Appenzeller)가 인천 제물포에 입국했다. 이들에 앞서 1884년 9월에는 알렌(Horace N. Allen)이 의료 선교사로 파견되어 활동하다가 광혜원이라는 국립병원을 개설하기도 했다. 그러나 본격적인 포교활동은 언더우드와 아펜젤러 선교사의 입국 때부터 시작되었다.

인천에 첫발을 디딘 선교사들

인천에 도착한 이들 선교사들은 뱃머리에서 다음과 같은 기도를 했다고 전해진다.

> 우리는 부활절에 이곳(제물포)에 도착하였다.
>
> 부활하시던 날 죽음의 권세를 이기신 주님이시어.
>
> 이 백성을 속박의 사슬에서 풀어주시고
>
> 그들을 당신의 자녀로 삼으사
>
> 빛과 자유를 주옵소서.

언더우드와 아펜젤러가 도착했을 때 국내는 갑신정변으로 어수선한 분위기였다. 그래서 언더우드만 서울로 향하고 아펜젤러 부부는 일본으로 돌아갔다가 1885년 6월 22일 두 번째로 인천에 상륙하여 1개월간 머물렀다. 그 사이 일본으로부터 피아노가 공수되어 7월 19일에 인천에서 처음으로 예배를 가졌다고 한다. 이 예배가 오늘날 내리교회의 기원이라고 볼 수 있다. 국내의 음악 학계에서는 이때를 한국에 서양음악이 최초로 전래한 때로 정리하기도 한다.

미국 북장로회의 언더우드가 서울에 포교의 거점을 마련

했다면, 미국 북감리회에서 세운 내리교회는 인천을 중심으로 한 선교활동에 집중하였다. 1889년 5월부터는 서울에 있던 올링거(F. Ohlinger) 선교사가 이곳을 왕래하면서 주일예배를 시작했다.

1891년 6월에 열린 제7차 한국선교회에서는 아펜젤러 선교사를 인천 거점, 즉 내리교회 관리자로 임명했다. 아펜젤러는 인천 선교를 맡으면서 한국 최초의 예배당이라 할 수 있는 예배소 건축에도 착수했다. 이 시기의 교인 중에 훗날 조선인 최초로 목사가 된 김기범(金箕範) 목사가 있었다.

기독교 선교와 근대 교육의 시작

미국 감리교 선교부의 아펜젤러는 선교활동의 일환으로 1885년에 서울에 배재학당을 세웠고, 미국 장로교 선교부의 언더우드는 1886년 경신학교를 설립했다. 그리고 감리교 부인 선교회의 스크랜턴(Scranton Mary) 부인은 1886년 이화학당을 설립했다. 이들의 활동에 의하여 조선에 최초의 근대 교육기관이 설립되고 근대적 교육이 전개되기 시작한 것이다.

1892년 6월 배재학당에서 교육사업과 문서 선교활동을 하고 있던 존스(G. H. Jones, 조원시) 선교사가 인천 내리교회

내리교회의 과거(위)와 현재(아래)
위쪽 사진은 1946년 김구 선생이 내리교회에서 강연을 한 후 촬영한 기념사진으로 사진 속 인물들 중앙에 있는 김구 선생의 모습을 확인할 수 있다. 아래 사진은 내리교회 설립 100주년을 맞아 1985년에 새로 지어진 교회의 현재 모습이다.

의 3대 책임자로 임명됐다. 조원시 선교사는 1893년 4월부터 인천으로 거처를 옮겨 1902년 5월 미국으로 귀환할 때까지 강화도를 비롯한 제물포 인근 지방에서 선교를 적극적으로 추진했다.

조원시 목사의 부인도 역시 교육선교에 힘을 기울여 1892년에 교회 안에 영화여학당을 세웠다. 이곳은 서울의 이화학당과 연계된 학교로 성장했다. 1897년 6월에 조원시 목사는 교회 안에 엡윗청년회라는 청년 조직을 결성했다. 오늘날 YMCA의 전신이라 할 수 있는 엡윗청년회는 한국교회 청년운동의 효시로 일제강점기인 1920년대에는 유력한 청년운동단체로 크게 발전했다.

현재 내리교회는 인천 중구 우현로67번길, 용동 마루턱에 위치해 있다. 이곳에 가보면 거대한 교회 건물과 함께 아펜젤러, 올링거, 조원시, 김기범 목사의 흉상을 만날 수 있다. 바로 큰길 건너에는 천주교 답동성당이 자리하고 있어서 의료와 복지, 교육으로 이 땅에 복음을 전파한 인천의 교회와 성당들을 한번에 돌아보는 순례가 가능하다.

17 성공회성당

인술과 교육을 펼친 병원과 성당

인천이 개항한 직후 미국의 북장로교회와 북감리교회가 제일 먼저 인천으로 들어왔다. 이어서 영국의 성공회도 인천과 강화도에 근거지를 마련했다. 오랜 박해를 견디며 조선에서 포교활동을 전개했던 프랑스의 천주교회도 제물포에 성당터를 마련하고 포교활동을 시작했다. 세 나라의 종교는 경쟁적으로 제물포에서 외국인과 조선인들을 대상으로 포교활동을 전개했다.

1890년 코프 주교의 도착

영국 성공회라고 하면 16세기 대영제국의 헨리 8세가 로마교황청의 뜻을 거스르고 이혼을 하려고 대립하다가 만든 영국만의 국교회로 알려졌다. 성공회는 잉글랜드 교회(English Church)로 출발했지만, 16세기 유럽의 여러 나라에서 일어난 종교개혁의 물결 속에서 유럽 각국으로 퍼져나갔다. 이후 영국 성공회는 대영제국의 식민지 건설과 선교사들의 선교활동으로 세계성공회로 발전하게 된다. 19세기 말 인천 제물포항으로 들어온 성공회는 이미 세계성공회공동체를 형성하는 막바지 단계를 맞고 있었다.

1888년에 영국 성공회 본부에서 북중국 주재 주교에게 선교자금을 보내면서 조선을 향한 성공회의 포교활동이 시작되었다. 영국 성공회 본부는 중국 선교에 참여했던 영국 해군종군사제인 코프(Charles J. Corfe, 고요한)를 한국 선교의 책임자로 선임하고, 1889년 11월 1일 주교로 승품하여 한국에 파송한다.

한국으로 떠나기에 앞서 코프 주교는 영국 해군 동료들이 마련한 '해군병원기금'의 후원을 받아 서울과 제물포에 병원을 설립할 계획을 세운다. 이를 위해 그는 한국에 입국하기 전 약 1개월간 미국, 캐나다, 일본의 여러 도시를 순회하면서 한국 선교에 동참할 의사를 찾았다.

그 결과 외과의사인 와일스(Julius Wiles)와 내과의사인 랜

성공회성당의 외관 1890년 고요한 신부에 의해 건립된 성공회성당은 한국전쟁 때 소실되었다가 1956년 복원되었다. 중세풍의 석조 건물에 한국적인 목구조 처마 양식이 가미되어 건축학적으로도 가치가 높다.

디스(Eli Barr Landis, 남득시)로부터 한국행에 대한 동의를 얻어냈다. 코프 주교는 또한 1890년 7월, 한국 선교를 알리고 도움을 청하기 위하여 〈모닝캄(Morning Calm)〉이라는 월간 선교잡지를 발간하기 시작했다.

코프 주교는 미국의 젊은 성공회 신자이자 내과의사인 랜디스와 함께 1890년 9월 26일 오후 부산에 도착하여 하루를 머문 뒤에 9월 29일 제물포에 상륙했다. 제물포 도착 당일 인천해관 감독관인 영국인 존스톤의 첫 아이에게 영세성사를 베풀고 요한(John)이라는 이름을 지어주면서 선교활동을 시작했다.

토착문화를 존중한 선교

성공회는 앞서 전래된 장로교나 감리교와는 달리 적극적인 전도보다는 사회선교와 성공회 신앙을 실천하는 것에 무게를 두면서 선교를 전개했다. 코프 주교는 또 선교 초기부터 한국 문화를 존중하고 한국의 문화적 토양에 깊이 뿌리를 내리는 교회를 추구하여 성공회의 토착화에 힘썼는데, 이는 현재 강화에 남아 있는 한옥 양식의 강화 성공회성당이나 온수리성당을 보면 알 수 있다.

1891년 들어 코프 주교는 제물포의 두 곳에 대지를 마련한다. 각국공동조계 내에 벽돌을 쌓아올려 '성미카엘과 모든 친전' 성당과 작은 사제관을 건립했다. 이 성당 건물에서 미사를 드리는 한편 랜디스가 일할 병원을 지을 때까지 임시 치료소로 사용하다가 이후에는 학교와 교회 사무실로 사용했다. 또 다른 한 곳의 부지는 각국조계 바깥에 마련했다. 이 곳에 영국 해군의료기금으로 성누가병원을 세웠다.

비슷한 시기 서울에도 두 곳의 대지를 마련하여 정동에는 장림성당을 건축하고 낙동에는 선교사들이 공동생활을 할 수 있는 큰 집을 건축했다. 하지만 성공회의 한국 선교의 중심은 역시 제물포였으며 코프 주교도 제물포를 떠나지 않고 활동했다.

의료선교와 약대인병원

인천 제물포에 자리 잡은 성공회는 의료선교에 치중했고 그 중심적인 인물이 미국 랭카스터공립병원에서 전문의 과정을 마친 약관의 미국 청년 랜디스였다. 코프 주교와 함께 제물포에 도착한 랜디스는 제물포에 세를 내어 입주한 집에 진찰실과 입원실을 꾸며 인천 최초의 서양식 병원의 문을 열었다.

불과 몇 달 안 돼서 병원에 많은 환자들이 몰려들자 이듬해인 1891년 각국조계 내 오늘날 송학동3가 3번지에 새로 부지를 마련하여 한국식 건축양식으로 성누가병원을 짓고 병실도 온돌방으로 만들었다. 랜디스의 의술에 도움을 받은 인천의 한국인들은 고마운 마음을 담아 이 병원을 약대인병원(藥大人病院)이라 불렀다.

의사 랜디스의 열정으로 성누가병원은 현대식 의료기관뿐만 아니라 영어교육기관의 역할도 담당하였고, 1892년에 여섯 살 난 고아를 데려다 기르기 시작했으며, 한국인, 중국인, 일본인 가리지 않고 아이들을 대상으로 한 야간 영어학교를 운영하기도 하였다. 그러나 그의 주된 활동은 역시 의료선교였다. 랜디스의 기록에 따르면, 1892년에 총 3,594명의 환자를 진료하였고, 1894년에는 4,464명의 신규 환자와 왕진 환자를 돌보았다고 한다. 그러나 안타깝게도 그는 1898년 4월 16일, 33세의 젊은 나이로 세상을 떠났다. 그로 인해 성공회의 선교도 잠시 초창기의 활기를 잃게 된다.

1904년 제물포 성누가병원은 서구식 벽돌 건물로 증개축된다. 이때 진료실, 두 개의 간호원실, 한국인 환자를 위한 두 개의 큰 병동, 수술실, 대기실, 약국, 외국인들을 위한 병

고요한 주교와 랜디스 박사의 흉상 조선의 문화를 존중하며 선교활동과 의술활동을 전개했던 두 선교사의 흉상을 성당 입구에서 만날 수 있다.

동이 별도로 갖추어지게 되었다. 1904년 2월 9일 발발한 제물포해전에서 부상당한 러시아 수병들이 이 병원에서 진료를 받기도 하였다.

이때의 고마움 때문인지, 제물포해전이 일어난 지 100년이 되는 2004년 2월에 러시아 정부는 100년 전 러시아 부상병들을 성공회의 성누가병원에서 치료한 것에 대해 감사함을 표하는 명판을 성공회성당의 별관 건물에 부착하기도 했다.

약대인병원이 있던 자리에 위치한 중구 개항로45번길의 성공회 내동교회에 가보면 오래된 성당 건물, 러시아의 명판, 코프 주교와 의사 랜디스의 흉상을 만날 수 있다. 또 한국의 문화를 수용하면서 선교활동을 전개했던 초창기 대한성공회의 토착화 흔적을 만나보고 싶다면 강화도 관청리에 있는 성공회 강화성당과 온수리성당을 찾아가 보는 것도 좋을 것이다.

18 신포시장

개항기 시장에서 쫄면의 발상지로

1호선 동인천역에서 내려 용동마루터기 언덕을 넘어 내려오다 보면, 인천 최초의 상설시장인 신포국제시장 골목을 만나게 된다. 시장 골목은 두 갈래로 나 있다. 첫 번째 골목은 초입부터 사람들로 가득하다. 요즘 신포국제시장에서 가장 인기 있는 메뉴인 닭강정을 사려고 줄을 선 사람들의 행렬이 저녁이면 길게 이어진다.

인파를 뚫고 닭강정 파는 곳을 어렵게 지나치면 만날 수 있는 신포시장의 여러 분식집에서는 형형색색의 오색만두와 순대, 떡볶이, 그리고 공갈빵이 손님들의 눈길을 끈다.

50년 넘은 노포들이 즐비한 먹거리 천국

인천이 쫄면의 발상지라는 사실을 알고 있는가? 냉면 면발을 잘못 뽑아서 나온 질긴 면에 양념고추장을 비벼 먹는 분식의 대명사인 쫄면을 초창기부터 팔아온 '신포우리만두'는 전국적으로 체인점을 형성하고 있다. 우동, 메밀국수, 만두 등을 파는 '청실홍실' 본점도 신포시장에서 멀지 않은 곳에 있다.

신포시장과 마주한 또 다른 작은 골목으로 들어가면 저렴한 가격에 칼국수를 파는 칼국수골목이 나온다. 1980년대 한 그릇에 300원 하는 칼국수를 먹기 위해 학생들이 몰려들던 곳이다. 칼국수를 먹으면서 당시 선풍적인 인기를 끌었던 홍콩 무협영화를 보던 추억을 잊지 못하는 사람들이 지금도 신포시장과 칼국수골목을 찾고 있다.

신포국제시장 안쪽으로 쭉 들어가다 보면 한국 최초로 야채치킨을 개발한 곳도 성업 중이다. 옛날과자 가게인 '신포과자점'도 유명하고, 대를 이어 특별한 맛을 선사하는 '신신옥' 우동도 유명하다. 최근에는 젊은이들의 음식 취향을 반영해 다양한 먹거리들을 파는 청년사장님들의 가게가 등장하고 있다.

원조 쫄면 신포우리만두에서 처음으로 판매하기 시작한 쫄면은 질기게 뽑힌 냉면의 면에 고추창 양념을 더해서 만든 것이었다.

신포시장 안에는 중국인이 운영하는 중국식 양화점인 '의흥덕양화점', 한국전쟁 때부터 운영해온 '귀티패션', 대를 이어 떡을 만드는 '성광방앗간' 등 50년 이상 된 노포들이 즐비하다. 신포시장 바로 앞에는 인천에서 최초로 건설된 신포지하상가가 동인천역까지 길게 이어져 있다. 수인선 신포역까지 지하상가를 연결할 계획도 구상 중이라고 한다. 옷가게와 핸드폰 가게 등이 대부분이지만, 신포지하상가와 신포동 일대는 경제성장기였던 1980년대 수많은 인천 젊은이들이 누비던 거리였다.

시작은 중국인들의 푸성귀시장

인천 개항장에 최초로 형성된 시장은 1890년 현재의 신포동 41번지에 설립되었던 어시장으로 알려져 있다. 이 시장을 만든 사람은 민씨정권의 실력자였던 민영익 집안의 관리자였던 현흥택이라는 사람인데, 인천에서 재력을 키워 최초의 어시장을 만든 것이다.

현재의 신포시장 위치인 신포동 7번지 일대에 위치한 시장의 시초는 인천에 들어온 중국인들의 푸성귀전이었다. 이에 일본인들도 1905년에 별도의 장소에 어시장을 설립해 운영을 했다고 한다. 지금의 신포시장이 자리하고 있는 7번지 일대는 원래, 일본조계와 청국조계 밖에 있는 조선인들의 거주지였다. 선린동 언덕 5,000평에 자리 잡은 청국인들의 조계가 비좁아지자 청나라 사람들이 이곳 신포시장 일대의 조선인 마을에 들어오더니, '삼리채(三里寨) 거류지'라 부르면서 자신들의 거주지로 삼기 시작했다. 청국인들 중에는 인천 교외에서 채소를 재배해 파는 화농(華農)들이 있었다. 이들은 산둥성 옌타이(煙臺)에서 채소 씨앗을 가져와 현재의 남구 도화동과 숭의동 일대에서 농사를 지어 시장에 내다 팔았다고 한다.

19세기 말 신포동의 푸성귀전을 재현해 놓은 조형물 신포시장의 시초였던 19세기 말 중국인들의 푸성귀전의 모습을 재현하여 2005년에 세운 조형물이다. 사진의 중앙에 채소를 파는 중국 상인이 있고, 양쪽에 손님으로 온 조선 여성과 일본 여성이 보인다. 당시 중국 푸성귀는 조선에 거주하는 일본인들과 서양인들에게 인기였다. 이곳에서는 양파, 양배추, 당근, 토마토, 피망, 시금치, 우엉, 부추, 완두콩 등 당시 조선에서는 생소하던 채소들도 구할 수 있었다고 한다.

최초의 상설시장에서 인천의 대표 관광시장으로

일본인과 청국인들이 각자 운영하던 어시장과 푸성귀전은 경술국치 이후인 1914년 조선총독부의 시장 규칙에 따라 인천부로 관리권이 넘어가면서 통합되었던 것 같다. 어시장은 1929년 제1공설일용품시장으로, 푸성귀전은 1933년 제2공설일용품시장으로 변모하면서 발전해왔다.

해방 이후 신포시장이 정식 개설된 것은 1951년 11월로 추정된다. 고일 선생의『인천석금』의 회고에 따르면 당시 184개의 점포가 있었다고 하니 작지 않은 규모였다. 개항기의 일본영사관 건물이 일제강점기 인천부청으로 사용됐고, 해방 후에는 인천시청으로 1995년까지 사용되었으니, 인천시 행정의 중심지였던 중구에서 신포시장이 나날이 번창한 것은 너무나 당연한 일이었다.

인천시청이 남동구 구월동으로 이전한 이후 중구 신포동 일대의 상권이 침체하면서, 한때 신포시장도 위기를 맞았다. 상인들은 2002년부터 시장 현대화사업을 추진해 바닥을 재포장하고 조형물, 편의시설, 아케이드 등을 설치하고 건물을 리모델링했다. 2010년 3월에는 중소기업청의 문화관광시장 지원 대상으로 선정돼 그해 10월 신포국제시장으로 개칭되

신포시장 전경(위)과 입구(아래)
19세기 말 중국인들의 푸성귀전에서 시작돼 현재 인천의 대표적인 관광시장으로 변모한 신포시장에서는 다양한 먹거리를 만날 수 있다.

었다. 그러는 사이 시장의 행태도 모든 물건을 파는 재래시장에서 점차 식료품상과 음식점이 많은 시장으로 변모했다.

신포시장의 기원이었던 중국인 푸성귀전의 모습은 현재의 신포시장 내 쉼터에 조성된 조형물에서 확인할 수 있다. 어시장과 닭전이 운영됐던 옛 모습의 흔적은 선어를 파는 횟집들과 신포시장에서 단연 인기가 높은 닭강정 등으로 남아 있기도 하다. 개항장 인천에 세워진 최초의 상설시장으로 시작돼 오늘날엔 인천 중구를 대표하는 국제적인 관광시장으로 변모한 신포국제시장! 신포동 일대의 내리교회와 자유공원, 답동성당 등을 실컷 구경하고 출출해지면 신포시장으로 맛 구경을 가보는 것도 좋을 것이다.

19 경인면옥

서울까지 배달했다는 인천냉면

2018년 남북정상회담을 계기로 평양냉면이 전국에서 큰 인기를 끌었다. 북한의 김정은 국무위원장이 회담 당시 문재인 대통령에게 "평양에서부터 평양냉면을 가지고 왔는데, 대통령께서 편한 마음으로 멀리 온 아, 멀다고 말하면 안 되갔구나, 맛있게 드시면 좋겠다"라고 말하는 장면이 큰 화제를 불러일으키기도 했다. 그런데 사실 냉면 하면 또 빼놓을 수 없는 고장이 바로 인천이다.

개항기 인천에서 가장 사랑받던 음식

인천의 대표적인 음식으로 짜장면이 가장 유명하지만, 사실 개항기 인천에서 가장 사랑을 받았던 음식은 짜장면이 아

경인식당 전경(위)과 냉면(아래) 인천의 대표적인 평양냉면집인 경인면옥은 현재 경인식당으로 상호를 바꿔 여전히 성업 중이다.

니라 냉면이었다고 한다. 언제부터 인천에 냉면집이 생겨났는지 정확히 알 수는 없으나, 개항 이후 전국 각지에서 인천으로 노동자들이 유입되면서 냉면이 보급된 것으로 보인다. 1896년에 개설된 한국 최초의 선물거래소 인천미두취인소(仁川米豆取引所)를 중심으로 쌀을 거래하는 미두꾼들이 인천에 모여들었다. 이 과정에서 생겨난 요식업소에 이북식 냉면이 들어와 인천식 냉면으로 변모한 것으로 연구자들은 추정한다. 겨울철에 주로 먹었던 이북식 냉면이 인천에 들어오면서 사시사철 먹을 수 있는 음식으로 재탄생했다는 것이다.

〈인천투데이〉 김갑봉 기자의 취재에 따르면, 개항 이후 인천 냉면의 중심지는 지금의 동인천역에서 답동사거리에 이르는 우현로와 경인철도 너머 배다리마을이었다. 인천 냉면의 원조라고 할 수 있는 '평양관(平壤館)'이 용동에 있었고, '경인관(京仁館)' 역시 용동에, '신경관(新京館)'이 경동에, '사정옥(寺町屋)'이 답동에 있었다고 한다. 또한 금곡동의 '풍성관(豊城館)'과 '인천관(仁川館)' 등도 유명하다.

이들 음식점에선 냉면 이외에 비빔밥, 장국밥 등의 음식도 판매하였으나 냉면의 인기가 단연 높았다. 평양관과 사정옥은 배달 주문이 더 많아서, '중머리'라고 불리던 냉면 배달

부들이 냉면 대접을 겹쳐놓은 널찍한 목판을 어깨에 이고 한 손으로 자전거를 끌며 배달하는 모습을 흔히 볼 수 있었다고 한다. 또 풍문에는 인천의 냉면이 하도 인기가 좋아서 서울에서 배달을 시켜 먹었다는, 믿거나 말거나 한 이야기도 떠돌고 있다.

이렇게 많던 냉면집들도 가뭇없이 세월의 흐름에 따라 사라지고, 지금 인천에서 냉면의 전통을 잇고 있는 가장 대표적인 곳은 평양냉면 전문점인 경인면옥이다. 워낙 오래된 냉면집이라, 이곳을 다녀가지 않은 인천 사람은 거의 없을 것이다.

평양냉면보다 백령도냉면

인천에 가장 널리 퍼져 있는 냉면은 평양냉면이 아니라 황해도식 백령도냉면이다. 북한과 지척에 위치한 백령도 사람들이 인천으로 나와 정착하면서, 그들이 백령도에서 즐겨 먹던 냉면이 어느 사이 널리 퍼져서 인천의 냉면을 장악한 것이다.

백령도냉면도 만드는 방식에 따라 여러 가지로 나뉜다. 백령도 내의 사곶, 신화동, 중화동, 가을리, 진촌리 등 지역에 따라 냉면 맛이 조금씩 다르다. 인천에서 팔고 있는 백령

백령도냉면 백령도냉면의 비법은 가게마다 다르지만, 사골을 우려낸 뽀얀 육수를 국물로 사용한다는 특징은 같다.

도냉면은 주로 사곶과 신화동 지역의 냉면이다. 육수와 면을 만드는 방법이 가게마다 비법으로 내려오기 때문에 백령도 각각의 냉면집마다 해당 가족만 분점을 내고 있다고 한다.

백령도냉면 중 가장 오래된 가게는 부평구에 있는 '부평막국수'이다. 이곳은 백령도가 고향인 주인장이 창업한 지 45년이 됐다. 이 부평막국수와 같은 집안이 운영하는 냉면집이 서구 심곡동의 백령면옥과 남구 제물포 스마트타운 건너편의 백령면옥이다. 이곳에서는 여름철 점심, 저녁 나절엔 족히 30분 이상 줄을 서서 기다려야 냉면 맛을 볼 수 있다.

백령도냉면은 동치미에 메밀국수를 말아 먹는 강원도식 메밀막국수와 달리 사골을 우려낸 육수에 국수를 말아 먹는 것이 특징이다. 고기육수를 사용하는 평양냉면과 달리 사골

육수를 사용하기 때문에 육수가 더 뽀얗다.

인천에서 두 번째로 오래된 백령도냉면집은 남구 주안동 제일시장 건너편 골목에 있는 '변가네 옹진냉면'이다. 1977년 창업했으니 올해로 42년 된 냉면집인데, 이 집도 당연히 여름철엔 긴 줄을 서야 한다.

부평막국수와 변가네 옹진냉면이 인천에 본점을 두고 있다면, 남동소방서 뒤편 백령도 '사곶냉면'과 인천소방본부 앞 신화동 '백령도냉면'은 백령도에 본점을 두고 있는 가게들이다. 남동구 만수동에도 '황해냉면'이라는 상호를 사용하는 백령도식 냉면이 있는데, 육수를 보면 변가네 옹진냉면과 부평막국수 그 사이 어디쯤인 듯하다. 이 또한 〈인천 투데이〉 김갑봉 기자가 전해준 입맛이다.

함흥냉면과 세숫대야냉면

인천 부평에는 평양냉면, 백령도냉면과 어깨를 나란히 하는 함흥냉면집이 44년째 운영되고 있다. 함흥냉면의 면은 평양냉면과 달리 감자전분 또는 고구마전분에 메밀을 조금 섞은 반죽으로 면을 뽑는 것이 특징이다. 평양냉면이 툭툭 끊어지는 식감이라면, 함흥냉면은 끊어지지 않고 오래가는 질긴 맛

세숫대야냉면 서민들을 위해 개발된 화평동 냉면. 시중에서 판매하는 냉면 사리를 사용하여 노동자와 학생들이 배부르게 먹을 수 있도록 세숫대야만한 그릇에 담아 판다고 해서 세숫대야냉면이라는 별칭이 붙었다.

인데, 물냉면보다는 회냉면이 함흥냉면의 대표 냉면이다. 가자미식해나 명태식해를 얹어 비벼 먹는 맛이 또한 일품이다.

1980년대에는 인천에서만 맛볼 수 있는 서민적인 냉면이 개발되기도 하였다. 일명 '세숫대야냉면'이라는 애칭이 붙은 동구 화평동 냉면이다. 닭발로 만든 육수에 동치미나 오이냉국을 섞어 육수를 만들고, 시중에서 판매하는 면을 사용하는 게 특징이다. 1980년대 초반 인근의 공장지대 노동자들과 주변의 학생들이 배부르게 냉면을 먹을 수 있게 시중에 파는 냉면 사리로 양껏 담아낸 것이 세숫대야냉면의 탄생 비화이다. 평양 출신 할머니의 딸이 가게를 낸 후 택시기사들이 양 많고 저렴한 냉면에 대해 입소문을 내면서 80년대 중반 무렵 유명해졌고, 그 유명세는 지금에 이르고 있다.

옥류관의 진짜 평양냉면은 남북이 화해를 한 후 왕래가 자유로워질 때까지 기다려야 할 테니, 우선 급한 대로 인천의 냉면들을 맛보는 건 어떨까?

1949년 11월에 한 미군이 촬영한 인천 시가의 모습 신포동 입구에 자리 잡은 경인면옥은 가업을 이어 3대째 운영되고 있다. 1세대 경인면옥 주인장은 1944년 서울에서 냉면을 만들다가 1946년경 인천으로 내려와 경인식당이라는 이름의 가게를 열었다. 70여 년이 넘도록 이 집을 찾는 단골 중에서는 6·25전쟁 때 피난 내려와 인천에 터를 잡고 살아온 황해도와 평안도 실향민들도 많다고 한다. 사진의 오른쪽 하단 끝에 작게 보이는 하얀 간판이 경인면옥이다.

20 계양산

의적 임꺽정을 키운 깊은 산

계양산은 인천에서 가장 높은 산으로 높이가 해발 395m이다. 북한산의 높이가 837m인 것에 비교해 보면 반도 안 되는 높이지만, 북한산의 서편에서는 가장 높은 산이고, 옛 부평도호부 지방의 랜드마크 역할을 했던 진산이 바로 계양산이다.

산이 높으면 골이 깊다고 했다. 오늘날 인천 북쪽을 흐르는 경인아라뱃길에서는 어디서든 계양산의 모습을 볼 수 있다. 계양산을 중심으로 동서남북 모두가 예전에는 부평도호부 관할 지역이었다. 지금은 부평도호부 지역이 인천 계양구와 서구, 부천시 일부 지역으로 분할돼 있다.

청년 임꺽정이 검술을 익힌 산

계양산에는 대대로 도적에 관한 설화가 전해 내려온다. 특히 오늘날 계양구에서 서구로 넘어가는 높은 고개, 이 고개를 경명현 혹은 징맹이고개라고 하는데, 조선시대에는 이 고개가 하도 깊고 컴컴해서 대낮에도 도적들이 수시로 출몰했다고 한다. 학정과 가난을 견디다 못해 산으로 올라간 백성들의 슬픈 원한이 서린 산이 바로 계양산이었던 것이다.

도적 중 가장 유명한 도적을 꼽으라면 임꺽정이 빠지지 않을 것이다. 그가 바로 계양산과 관련이 있다. 역사적 사실로 관련이 있는 것은 아니다. 계양산은 우리나라를 대표하는 역사소설『임꺽정』에서 매우 중요한 장소로 그려졌다. 우리나라 최초의 장편역사소설인『임꺽정』은 백두산에서 한라산에 이르기까지 전 국토를 소설의 공간으로 끌어들인 웅대한 소설이다. 계양산과 부평 지역은『임꺽정』의 '피장편'에서 청년 임꺽정이 검술을 배우는 곳으로 등장한다. 계양산 숲속에서 화적을 만난 사람의 이야기를 듣고 검술을 배우려고 찾아간 계양산에서 임꺽정은 자신에게 검술을 가르쳐줄 위대한 스승을 만난다.

"너에게 검술을 가르치기 전에 몇 가지 다짐을 받을 일이 있다."

고 점잖게 말하였다.

"검술하는 사람은 죄 없는 목숨을 해치는 법이 없다. 네가 할 수 있겠느냐?"

"탐관오리 같은 것도 죄 없는 사람일까요?"

"죄 없는 탐관오리가 어디 있을꼬?"

"그럼, 할 수 있지요."

"여색을 탐하여 칼을 빼는 법이 없으니 네가 할 수 있겠느냐?"

"할 수 있지요."

"악한 재물을 빼앗아 착한 사람을 주는 외에는 재물 까닭으로 칼을 빼는 법이 없으니 네가 할 수 있겠느냐?"

"할 수 있지요."

이러한 문답이 있은 뒤에 늙은이는 꺽정이의 맹세를 받고 제자로 정할 것을 허락하였다.[5]

의로운 일이 아니면 칼을 함부로 쓰지 않겠다는 약조를 받고 나서야 꺽정이를 제자로 받아준 계양산 검술 스승의 가

---

5 홍명희, 『임꺽정』 2권-피장편, 사계절, 1995.

르침 덕분에, 임꺽정은 조선의 3대 의적으로 이름을 남기게 된 것이다. 소설 『임꺽정』에는 계양산 이외에도 옛 부평 지역의 지명과 마을이 곳곳에 등장하여 홍명희가 『부평부읍지』 같은 읍지를 찾아 읽고 소설의 소재로 사용한 것으로 짐작되기도 한다. 한때 인천 지역에서는 계양산에 의적 임꺽정이 묵었던 주막이 남아 있다는 풍문이 떠돌기도 했지만, 오늘날 계양산 인근 지역이 워낙 개발되어 주막 비슷한 옛 건물은 찾아볼 수 없다.

소설 『임꺽정』은 조선 명종 때의 실존 인물이었던 의적 임꺽정을 주인공으로 한 작품이다. 조선 3대 천재로 불리던 작

林巨正傳

(1)

碧初 洪命憙 作

夕影 安碩柱 畵

1928년 11월 21일 자 〈조선일보〉에 실린 소설 『임꺽정』 첫 회 『임꺽정』은 1928년부터 무려 13년에 걸쳐 〈조선일보〉와 잡지 〈조광〉 등에 장기 연재된 미완의 대하역사소설이다. 항일민족운동에 나섰던 홍명희의 투옥 등 사정으로 네 차례나 연재가 중단되었다.

가 홍명희는 작품을 통해 식민통치하의 민족적 울분과 정의감을 불어넣었다. 작가의 말 그대로 "조선의 정조에 일관한 작품"이다.

소설 『임꺽정』은 또한 '살아 있는 최고의 우리말 사전'이라 일컬어질 정도로 우리 민족의 고유어가 살아 숨 쉬고 있는 역사소설이다. 『임꺽정』은 유학자 출신 집안에서 자란 작가 홍명희가 『조선왕조실록』뿐만 아니라 18~19세기에 융성했던 야담과 민간 풍속, 전래 설화, 민간 속담 등을 풍부하게 살려내서 만들어낸 이야기문학의 보고인 것이다.

마니산은 형산, 계양산은 아우산

계양산은 인천 부평의 역사와 늘 함께한 산이다. 옛 지도를 보면, 주봉에서 동쪽으로 흐르는 봉우리에 삼국시대에 지어진 산성이 있었다고 하여 고성산(古城山)이라고도 표기했다. 삼국이 쟁패했던 한강 유역에 가까운 산이었기에 군사적으로도 매우 중요했던 것이다.

전설에 의하면 계양산은 먼 바다에서 흘러들어왔다고도 하고, 바다에서 떠올랐다고도 한다. 그만큼 계양산이 바다에 가깝게 접해 있어서 나온 전설일 테다. 고려시대 계양도호부

한국학중앙연구원 제공

계양산성 계양산에는 삼국시대에 지어진 오래된 산성의 흔적이 남아 있다. 삼국시대와 고려시대까지 활발히 사용되다 점차 잊혀졌던 것이 2000년대에 발굴되기 시작했다.

사를 지낸 대문호인 백운거사 이규보가 지은 「망해지」를 보면, 계양산을 '삼면배수(三面皆水)' 즉 삼면이 모두 강이나 바다라고 묘사하였다. 그 당시 정상에 올라 사방을 내려다보노라면 계양산은 한강과 서해에 둘러싸여 오로지 남쪽만 육지로 연결되어 있었기 때문이다. 또 다른 전설에는 강화의 마니산(469.5m)의 반쪽이 갈라져서 떠돌다 계양산이 되었는데, 마니산을 형산이라 하고 계양산을 아우산이라 부르기도 했다고 한다. 옛사람들의 상상력이란 참으로 웅장하다.

인천의 녹색 허파, 계양산

푸른 녹지를 품어 안아서 한서지방의 허파 구실을 해왔던 인천 계양산은 최근 들어 개발의 홍역을 여러 차례 앓았다. 롯데그룹이 신격호 명예회장 명의로 1974년부터 계양산 일대의 땅을 집중적으로 매입하더니 1989년부터 골프장 건설을 추진했기 때문이다. 2006년에는 1,100억 원을 들여 12홀 규모의 골프장을 만드는 계획안이 제출됐다. 이에 인천녹색연합을 비롯한 인천의 환경시민단체들이 '계양산 골프장 저지 및 시민 자연공원 추진 인천시민 위원회'를 꾸려 골프장 건설에 반대하는 천막 농성과 나무 위 농성, 삼보일배 등을 전개했다. 그 결과 인천시가 계양산 골프장 계획을 폐기 처분했고, 이에 불복한 롯데그룹의 행정소송도 대법원에서 기각되면서 계양산 일대는 시민공원으로 조성될 예정이다.

계양산에 오르면 부평과 경인아라뱃길 일대를 굽어볼 수 있다. 도시개발로 천하가 몸살을 앓더라도 계양산은 앞으로도 의연히 인천시민들의 삶을 묵묵히 지켜봐줄 것이다.

21 부평캠프마켓 1

기억해야 할 일제 수탈의 현장

휴전 상태인 한반도에 평화체제가 들어선다면, 새파란 청년들이 군대에 갈 일도 그만큼 줄어들고, 미군이 한반도에 주둔해야 할 필요성도 없어질지 모른다. 우리나라에 미군이 주둔했던 지역은 휴전선을 따라 경기도 북부의 동두천과 의정부를 비롯하여 전국 곳곳에 참으로 많았다. 그중에서 인천 부평구의 도심 한가운데 위치한 미군부대 캠프마켓(Camp Market)은 한국 근현대사의 수난을 상징하는 곳이다.

친일파의 땅에서 일제의 무기공장으로

캠프마켓이 위치한 부평 일대는 원래 구한말 친일파 송병준이 권력을 이용해 대규모로 소유한 토지였다고 한다. 1994

년 이후 친일파 송병준의 후손들이 이를 근거로 땅을 되찾기 위한 소송을 여러 차례 제기한 바 있다. 후손들은 국가를 상대로 부평미군부대 내 토지 약 9만 평, 야구장 30개 정도 크기의 땅에 대한 소유권을 주장했는데, 지난 2018년 5월 13일, 대법원에서는 원고 패소 판결을 내렸다. 재판부는 해당 부동산이 친일반민족행위자 송병준이 조선총독부로부터 받은 친일재산에 해당돼 국가 소유라고 판단한 원심이 정당하다고 판결한 것이다. 이로써 부평미군부대 터에 얽힌 친일파 송병준에 관한 식민 잔재의 역사적 청산이 이루어졌다.

송병준 일가가 팔아버린 이 땅은 일제 총독부 체제 아래 국가 소유의 땅이 되었다. 1930년대 중반부터 공업화가 추진되면서 부평 일대는 경인공업지대의 중심지로 변모한다. 일본의 미쓰비시를 비롯한 대규모 공장들이 이곳에 들어서고, 1937년 중일전쟁이 발발하자 이곳은 대륙 진출을 위한 군수공업 병참기지로 변모했다.

1938년 조선총독부는 조선을 대륙 진출을 위한 병참기지로 삼겠다는 정책을 발표하고 1939년 부평에 무기를 만드는 공장인 일본 육군 조병창을 건설하였다. 부평은 서울과 인천의 중간에 위치해 있으면서 공업이 발달하고 인천항에서도 멀지 않고, 경인선을 이용하여 곧바로 물자를 운송할 수 있는 지역이었기 때문이다. 게다가 부평평야가 있어 넓은 면적을 한꺼번에 확보할 수 있다는 이점이 있었다. 일본 육군은 이곳에 무려 100만 평에 이르는 조병창을 만들어 중일전쟁 전선에 무기를 공급하고자 했다.

인천 조병창은 총검공장과 기능공양성소를 우선 준공하여 1941년 5월 5일 개창식을 가졌다. 인천 조병창 산하에는 부평의 제1제조소와 평양제조소가 있었고, 제1제조소 아래에는 3개의 공장이 있었다. 각 공장은 총탄과 총열, 총대, 총

1948년 부평조병창 건물 해방 후 미군이 촬영한 사진이다. 전쟁을 위한 일제의 가혹한 수탈이 이루어지던 부평조병창 건물 앞으로 트럭과 무기들이 방치되어 있다.

검, 군도 등을 나누어 제작했다.

인천의 제1제조소와 평양제조소, 민간 하청공장에서 생산하던 병기의 종류와 수량을 살펴보면, 매달 소총 4,000정, 총검 2만 개, 소총탄환 70만 발, 포탄 3만 발, 군도 2만 개, 차량 200량과 20만 엔에 달하는 피혁과 마제품을 생산하였다고 한다. 매달 생산된 무기가 이 정도였다고 하니 엄청난 규모의 무기를 이곳에서 생산했다고 추정해볼 수 있다.

이외에도 1944~5년 사이에는 250척의 배를 만들었고, 1945년에 200개의 무전기를 만들었다. 그뿐만 아니라 잠수정 제작에 필요한 기계를 만들어 당시 비밀리에 잠수정을 제작하고 있던 인천의 조선기계제작소에 공급하기도 했다.

가혹한 일제의 수탈과 징용

조병창에서의 무기 생산을 위해 조선 전역에서는 금속품 공출이 강제로 이루어졌다. 한국인 대부분에게 일제의 가혹한 수탈의 상징으로 기억되는 놋그릇, 놋수저의 공출이 바로 인천 조병창 무기 제조를 위한 것이었다. 식기를 비롯해 제기, 세숫대야, 징, 절에 있는 범종, 양은냄비에 이르기까지 다양한 금속품이 조병창에 산더미처럼 쌓여 있었다고 한다. 이

것을 용광로에 녹여 실탄 등의 무기를 만드는 원료로 사용한 것이다.

조병창에는 또한 많은 조선인이 반강제적으로 징용돼 단순노동에 종사했다. 중일전쟁 발발과 국가총동원법 공포 이래 일제는 모집, 관 알선, 징용의 다양한 형식으로 조선인을 강제동원하였고, 1944년부터는 조선의 공장에서 일하고 있는 노동자들을 전원 징용하거나 일반인을 대상으로 징용을 실시했다.

강제동원이 일상화되면서 국외로 동원되거나 탄광으로 징용되는 것을 피하려던 젊은이들이 인천 조병창으로 몰려들었다. 무기를 생산하는 군수산업에 종사함으로써 다른 곳으로의 동원을 피할 수 있었기 때문이다. 당시 조병창에 동원되었던 사람 중에는 '조병창에 근무하면 징용을 면제해주는 특혜가 있어서' 이곳을 피난처로 삼고자 한 사람들이 적지 않았다.

얼마나 많은 사람이 이곳에서 일했는지 그 규모는 아직도 정확하게 파악되지 않고 있다. 당시 그곳에서 일했던 사람들의 기억으로 적게는 3,000명, 많게는 2만 명 정도로 추정하고 있을 뿐이다.

조병창 내에서 조선 청년들의 노동환경은 어땠을까? 이는 해방 직후에 발표된 이규원의 단편소설에 생생하게 묘사돼 있다.

> 노무자수첩이니 하여 현장징용 이전부터 직장 이동이 불가능한 것을 기회로 장시간 노동을 강요한 오까 노무과장, 겨울에는 연료 없는 직장에 동사할 것 같고 여름에는 통풍장치 없는 노역장에서 질식할 것 같고 화상, 타박상 등 공장 일에 불구하고 휴식을 주지 않던 하야시 총무과장, 지독한 기아와 쇠약임에도 공휴일 출근 명령을 하야 반공설비 구축, 공장수리, 공장하천 도로 개수 등을 시키고, 정상임금을 지불할 성질의 것을 근로봉사란 편리한 협잡으로 처리하던 나까야마 연성과장, 어쩌다 나오는 쌀, 피륙, 신발, 약품, 술 등의 노무자 특배품을 딴 구멍으로 돌리던 쯔다 후생계장, 조선사람 종업원을 전부 도적놈으로 보고 게으름뱅이로 인정하고 경찰서 끄나풀로 앉아서 마치 사법형사의 권력을 부리던 후꾸다 수위장…….[6]

부평의 일본 육군 조병창에서 근무했던 생존자가 얼마 남

---

6 이규원, 「해방공장」, 『우리문학』 10, 문장사, 1948.

아 있지 않은 상황이다. 자료의 발굴과 함께 시급히 구술 기록 작업을 진행하여 그 기억과 흔적들을 아카이브로 남겨야 할 때이다.

22 부평캠프마켓 2

반환을 앞둔 미군부대의 유산

현재 인천 부평구에서 일본 육군 조병창의 흔적을 찾기란 쉽지 않다. 함께 가동됐던 군수공장이 운영하던 사택들 일부가 남아 있고, 조병창에서 뚫었다는 땅굴이 몇 곳에 남아 있다고 하나, 아직 일반인에게 공개된 적이 없기 때문이다. 그리고 무엇보다 일본 육군 조병창을 차지하며 새롭게 들어선 미군기지 때문이다. 오늘날까지도 일반인의 출입을 통제하고 있는 부평미군기지. 이곳은 지금의 부평구 부평동 현대아울렛백화점이나 인근의 아파트 건물 위에 올라가면 겨우 바라다볼 수 있는 미국의 영토이다. 부평캠프마켓이라고 불리는 부평의 미군부대는 어떻게 형성됐을까?

접근할 수 없는 금단의 땅, 애스컴시티

1945년 8월 15일 일제의 패망 이후 적산(敵産)이 된 인천 부평 조병창을 그해 9월 8일 인천항으로 상륙한 미군이 접수한다. 이후 이곳에 미군 제24군수지원단, 즉 '애스컴'이 주둔하게 된다. 애스컴(ASCOM)은 주한미육군병참본부(Army Support Command Korea)의 약칭이다. 미군들은 이후 부평을 그들의 지도에 애스컴시티라고 표기해왔다.

> 넓은 부평평야의 거의 절반이나 차지한 당시 '인천 조병창'은 일본의 패망과 동시에 미군에 점령돼 일반의 출입은 '애스컴'이란 영자(英字) 문패로 금지돼 오는 터이므로 그 구내에 무엇이 얼마나 쌓여 있는지는 우리가 헤아릴 수 없다.[7]

기사의 내용처럼 인천 안에 있는 부평미군부대는 이후 반세기 동안 인천시민들이 감히 근접할 수 없는 금단의 땅이었다.

1945년 9월 8일 인천항에 상륙한 미군은 인천과 서울 지역을 점령한 후 단계별로 남한 전역에 진주했다. 애스컴시

---

7 〈대중일보〉, 1946년 1월 25일.

미군에 징집된 금단의 땅 일제의 조병창 부지에 자리한 캠프마켓은 해방과 동시에 미군 기지로 사용되기 시작하였다. 현재는 부대 대부분이 평택으로 이전하고 부대 공급용 빵공장만 남아 있는 상태이지만 여전히 일반인들의 출입을 엄금하고 있다.

티라는 명칭은 1945년 9월 16일 처음 부여됐다. 미군의 남한 점령 부대가 부평지역에 머물렀던 기간은 1945년 9월부터 1949년 6월 27일까지 약 4년 남짓한 기간이었다. 1948년 4월 무렵 남한에 주둔해 있던 미군은 약 2만 명이었는데, 1948년 8월 15일 남한 단독 정부가 수립되자 미군은 철수하고 이후 한국에는 500여명의 주한미군군사고문단(KMAG: U.S. Military Advisory Group to the Republic of Korea)만 남아 있었다.

1949년 미군이 철수를 완료한 후 애스컴시티는 잠시 개방되었으나, 1950년 9월 15일 인천상륙작전이 성공한 직후 미 해병대는 다시 부평 애스컴시티에 진주하였다. 미 해병대가 애스컴시티를 점령한 후 뒤를 이어 제3군수사령부(3rd logistical command)가 9월 18일 인천에 상륙해 애스컴시티에 자리를 잡았다.

중공군에 밀려 어쩔 수 없이 철수했던 미군이 다시 부평 애스컴시티를 탈환한 것은 1951년 봄. 이후 여러 단위 부대들이 차례로 애스컴시티에 배치됐다. 1953년 휴전협정이 체결될 무렵에는 미 해병 제1사단을 지원하던 미해병대 군수지원사령부(The Marine Support Command)가 주둔했다가

1948년 에스컴시티 전경 일제 수탈의 현장이었던 조병창은 해방 후 미군부대에 귀속되어 그 흔적을 찾기는 쉽지 않다.

1955년 이전했고 '인천 보충대(Inchon Replacement Center)'가 지금의 산곡동 현대아파트 부근에 설치됐다. 애스컴시티는 거대한 군사도시로 변해간 것이다.

6·25전쟁을 거치면서 부평 애스컴시티에는 수용 규모 약 1,500명 정도의 제10반공포로수용소가 설치되었다. 이승만 대통령이 유엔군과 사전 협의 없이 1953년 6월 18일 0시를 기해 실시한 반공포로 석방 조처로 이곳에 갇혀 있던 반공포로들이 대거 탈출을 시도했다. 이 중 538명의 포로는 탈출에 성공했지만, 47명의 포로가 미군의 사격에 의해 사망하고,

60명이 부상당하는 참사가 일어나기도 했다. 전쟁이 끝난 1950년대에는 애스컴시티가 '쿼터마스터 시티(Quartermaster City)' 등으로 불리는 7개 구역으로 구분되었다. 가장 오래된 부대구역인 캠프마켓(Camp Market)이 그때부터 존재했고 1963년 이후 나머지 구역들은 미국 대통령 이름을 따서 구획했다.

1973년 베트남전쟁에 군대를 증파해야 했던 미국은 공식적으로 애스컴시티를 해체하면서 오늘날의 캠프마켓만 남겨두고 나머지 군사기지를 모두 정리하였다. 캠프마켓의 면적은 약 44만m^2이고 행정구역상 인천광역시 부평구 산곡3동과 산곡4동에 걸쳐 있다. 캠프마켓은 지휘계통상 미8군에 속해 있으며 주요 기능은 미 육·공군 교역처 베이커리(AAFES Bakery), 창고 등 저장시설, 주한미군 군수품 재활용사무소(DRMO : Defense Reutilization and Marketing Office, 이하 'DRMO')의 운용이고 훈련시설로도 활용돼왔다.

이중 DRMO는 2011년 김천시 아포읍으로 이전해 해당 부지는 현재 공터로 남아 있다. 미국 국방부에서 펴낸「2012 기지구조보고서(Base Structure Report)」에 따르면 2011년 9월 30일 기준으로 캠프마켓 내에는 군인 1명, 군무원 10명, 한국인 근로자를 포함한 민간인 종사자 308명이 근무했다. 2016년에는 그나마 주요한 부대가 경기도 평택 주한미군기지로 이전하고 지금은 보급용 빵공장만 운영되고 있다고 한다.

진정한 반환의 의미는?

예정대로 미군기지 평택 이전이 추진된다면 인천시민들은 1939년 이후 약 80년 만에 일본과 미국 군대가 차지했던 부평 땅을 되돌려 받게 된다. 인천시는 2013년 7월 국방부 미군기지이전사업단과 '반환예정 미군기지(캠프마켓) 관리 및 처분 협약'을 체결했다. 인천시가 캠프마켓 부지에 대해 사용권한을 갖게 된 것이다. 하지만 권한을 행사할 수 있는 시기는 캠프마켓 이전이 완료된 후이다.

부평캠프마켓을 인천시민들이 온전히 돌려받기 위해서는 넘어야 할 산이 많다. 우선 향후 발생할 수 있는 환경오염 문제에 대한 해법이 확실히 제시되어야 한다. 인간이 만든 가장 독한 물질이자 생명이 자라나지 못하게 하는 고엽제(枯葉劑)가 부평캠프마켓에도 다량 묻혀 있을 것이고, 이에 대한 조사조차 제대로 이뤄지지 않고 있다. 오염 유발 원인 제공자가 문제를 해결하도록 하는 정부의 분명한 의지와 관철이

절대적으로 필요하다.

엄밀한 의미에서 부평미군기지는 일제 군국주의의 강탈과 이를 그대로 접수한 미군에 의해 징발된 땅이다. 이 땅을 인천시민에게 돌려준다면, 말 그대로 반환한다는 의미를 가져야 한다. 인천시민들에게 무상으로 돌려주든지, 국가가 비용을 들여 지자체와 시민들에게 사용권을 되돌려주는 게 역사적, 도의적 측면에서 마땅한 일이 아닐까?

23 인천가톨릭회관

80년대 인천 민주화운동의 근거지

80년대 민주화운동의 절정은 1987년 일어난 6월민주항쟁일 것이다. 6월항쟁은 서울에서만 일어나지 않았다. 전국 곳곳에서, 그리고 이곳 인천에서도 일어났다. 전국적으로 범국민대회가 열렸던 1987년 6월 10일, 인천 답동에 위치한 가톨릭회관에서는 오후 내내 가두방송이 흘러나왔다. 인천의 7개 단체로 구성된 '호헌분쇄 및 민주개헌을 위한 인천지역공동대책위원회'는 가톨릭회관에 근거지를 마련하고 6·10 민주헌법쟁취 범국민대회를 시민들에게 알리고 있었던 것이다.

부평역에서 시작된 인천의 6월항쟁

1987년 당시 인천의 인구는 140만 명. 항구 주변으로 대규모

공장이 밀집해 있었고, 주안과 부평공단을 중심으로는 약 40만 명의 노동자가 살고 있었다. 인천에서 열리는 6·10민주화운동의 첫 집회 장소는 노동자들과 시민들이 함께할 수 있는 부평역으로 결정되었다.

오후 6시, 부평역에서는 애국가를 시작으로 본격적인 국민대회가 시작되었다. 지나가던 택시 기사들이 경적을 울리며 집회에 호응했다. 십자가를 앞세운 시위대가 도로로 나오자 주변의 시민들과 학생들이 합류해 시위대는 곧 2,000여

인천가톨릭회관 철거되기 직전의 마지막 모습이다. 인천 민주화운동의 중요한 현장인 이곳은 안타깝게도 관광자원 개발을 이유로 2018년 철거되었다.

명으로 불어났다.

시위대는 '장기집권 획책하는 군부독재 타도하자'는 대형 플래카드를 앞세우고 '호헌철폐, 독재타도'를 외쳤다. 전경들이 잇따라 최루탄을 난사했지만, 시민들은 골목길에 흩어졌다 다시 모이길 반복하면서 결국 부평역 도로 앞을 점거하고 연좌시위를 전개했다.

시민들은 '인천공동대책위원회'의 주도로 대중 집회가 열리자 스스럼없이 마이크를 잡고 발언에 나섰다. 직접 시위에 참가하지 않은 시민들도 박수를 보내며 음료수, 빵, 휴지 등을 시위에 나선 학생과 시민들에게 나눠줬다. 이날의 시위는 부평 전역에서 밤이 늦도록 계속됐다. 시위는 민정당 노태우 대표의 '6·29선언'에 의한 직선제 수용 발표가 나오기까지 거의 매일 인천 곳곳에서 계속되었다.

6월민주항쟁의 도화선이 된 5·3인천항쟁

인천의 6월항쟁은 사실 그 전 해에 있었던 소위 '5·3인천항쟁'으로 인해 더 뜨겁게 분출되었다. 아니, 인천의 6월항쟁뿐만 아니라 6월항쟁 그 자체가 5·3인천항쟁이 있었기 때문에 가능했다. 5·3인천항쟁이 6월민주항쟁의 도화선이 되었던 것이다. 그렇다면 5·3인천항쟁은 어떤 사건일까? 사건 직후 언론들이 앞다투어 '5·3인천사태'라고 불렀던 5·3인천항쟁은 1986년 5월 3일 인천 남구 주안에 위치한 인천시민회관에서 일어났다. 이는 당시 야당인 '신한민주당'의 주최로 열릴 예정이었던 '개헌추진 인천·경기지부 결성대회'를 계기로 분출된 민주화운동이었다.

오후 2시로 예정된 행사임에도 인천시민회관 앞 사거리 일대는 오전부터 시민들로 가득 찼다. 오후가 되자 인하대, 서울대, 고려대, 연세대 등의 학생들이 대거 운집했다. 또 인천지역사회운동연합(인사련)을 비롯한 민주·통일 민중운동연합(민통련) 등 사회운동 단체 회원과 인천지역민주노동자연맹(인노련)을 비롯한 노동운동 단체 소속 노동자들이 시위를 벌이기 시작했다.

당시 현장에서 나온 구호는 그야말로 다양했다. '광주학살 원흉 전두환 군부독재 타도, 민주 정부 수립', '속지 말자 신민당', '몰아내자 양키놈', '인천을 해방구로, 해방 인천 만세', '천만 노동자 해방 투쟁 승리 만세', '철천지원수 미제와 그 앞잡이 깡패적 반동 정권의 심장부에 해방의 칼을 꽂자' 등 반독재 구호에서부터 반미 구호, 노동해방을 위한 구호들이 난무했다. 군사독재의 강압에 의해 숨죽였던 다양한 사회 변혁의 목소리들이 일거에 인천시민회관 앞에서 분출된 것이다.

시위가 점차 격해지고 전투경찰과 충돌하면서 순식간에 인천시민회관 앞은 아비규환으로 변했다. 최루가스 살포와 함께 경찰의 진압이 시작됐다. 그럼에도 시민들은 저녁이 될 때까지 시위를 이어갔고, 군중 일부가 경찰차 1대를 탈취하면서 경찰관이 부상당하기도 했다. 결국 신한민주당의 김영삼 고문 등은 대회장에 들어가지 못하고 철수하면서 시위대와 경찰 간의 밀고 밀리고, 쫓고 쫓기는 대치가 계속됐다.

사실 5·3사태는 전두환 군부정권의 계획된 음모라는 것이 정설로 굳어지고 있다. 당시 군사 정부는 민주화 열망에 밀린 혼돈의 정국을 야당인 신민당의 5·3인천대회로 반전시키고자 기획했고, 시위대를 좌경폭력세력으로 탄압하기 위해 강압적인 작전 속에 경찰이 다치는 사태를 연출했던 것이다. 이날의 시위 이후 정부는 일부 시위대의 반미 구호를 빌미로 5·3사태를 좌경용공세력에 의한 체제전복기도로 규정, 민주화운동 세력에 대해 대대적인 구속을 시도했다.

무려 319명이 연행되고, 129명에게 국가보안법과 소요죄 위반 등의 혐의로 구속영장이 발부됐다. 5·3인천항쟁 이후에

인천6월항쟁기념비(위)와 인천시민회관쉼터공원(아래)
인천6월항쟁의 중요한 근거지였던 인천가톨릭회관과 인천시민회관은 모두 철거되고 사라진 상태이다. 인천 민주화 운동의 기억은 답동성당 앞에 있는 인천6월항쟁기념비와 시민회관 터의 표지석으로 남아 있다.

도 학생, 노동자, 민주화 인사 등의 구속, 수배, 고문이 이어졌다. 민주화운동의 뿌리를 뽑겠다고 벼른 전두환 군사정권은 무리한 수사를 감행하다가 부천에서 일어난 성고문사건에 이어 박종철 고문치사사건 등 끔찍한 인권탄압을 저질렀던 것이다.

결국 5·3민주항쟁에서 발화한 도화선이 1987년 6월항쟁의 열기로 활활 타올랐다. 영화 '1987'이 잘 보여준 것처럼, 1월 14일 서울대생 박종철이 치안본부 대공수사단에 연행돼 조사를 받던 중 물고문에 의해 사망하는 사건이 알려지면서 군사정권의 대대적인 탄압이 역풍을 맞기 시작한 것이다.

사라진 민주화운동의 현장

안타깝게도 1987년 인천6월항쟁의 근거지였던 인천가톨릭회관은 건물이 온전함에도 불구하고, 답동성당을 관광자원화한다는 명분으로 시민단체의 반대를 무릅쓰고 2018년 1월 철거됐다. 5·3인천항쟁의 현장이었던 인천시민회관도 철거된 지 오래다. 국민대회가 처음 열렸던 부평역에서도 뚜렷한 흔적을 찾기는 어렵다. 다만 시민회관이 있던 자리를 시민회관공원으로 관리하여 5·3인천항쟁을 알리는 표지석을 세웠을 뿐이다. 때마침 국회에서 한국의 민주화운동에 5·3인천항쟁을 포함시키는 「민주화운동기념사업회법 일부개정법률안」이 발의됐다고 하니, 엄혹했던 1986년 5월 3일 그날의 역사가 재평가될 수 있기를 기대해본다.

24 인하대학교

'인천'과 '하와이'의 인연

인천을 대표하는 대학인 인하대학교를 모르는 사람은 없을 것이다. 그런데 '인하'의 뜻은 모르는 사람이 많다. 인하는 인천과 하와이의 앞글자를 따서 만든 이름이다. 그렇다면 인하대학교와 하와이는 어떤 관련이 있을까? 인하대학교는 6·25 전쟁의 와중이던 1952년, 하와이 이주 50주년 기념사업을 계기로 학교 설립이 추진되어 1954년에 세워졌다. 당시 낙후한 우리나라의 공업 수준을 향상시키기 위하여 대통령이던 이승만의 발의로 만들어지게 됐다.

대한제국 최초의 노동 이민

1902년 12월 22일, 인천 제물포항에서 대한제국 최초의 노동 이민이 시작되었다. 갤릭호(S.S.Gaelic)를 타고 제물포를 떠난 101명의 한국인 이민자들이 최초로 도착한 미국 땅은 하와이였다. 도착 날짜인 1월 13일은 한국인 미주 이민의 역사에 큰 의미가 있는 날로 기록되고 있고, 하와이에서는 해마다 1월 13일을 '한인의 날'로 정하고 성대한 기념식을 거행하기도 한다.

감리교 인천 내리교회의 지원 속에서 갤릭호를 타고 간 101명의 이민자들로부터 시작된 하와이 이민자는 1905년 8월 8일 몽골리아호까지 56회에 걸쳐 총 7,291명에 이르렀다.

사탕수수 농장에서 일하는 이민자들의 모습 1900년대 초반 하와이로 이민을 간 사탕수수 농장의 노동자들을 촬영한 것으로 추정되는 사진이다.

하와이 이민 1세대 이원수 씨 1915년 당시 농장에서 작업 중 촬영한 것으로 보인다.

1905년 하와이 사탕수수 농장 전체 노동자 48,229명 가운데 한인은 4,683명으로 9.71%를 차지했을 정도다.

한인 노동자들은 하와이에 있는 65개의 사탕수수 농장에 분산 배치되어 하루 16시간 이상의 노동을 감당하였다. 그들은 백인 감독 하에 노예와 같은 대우를 받으며 일을 했다. 일본과 중국에서 먼저 온 노동자들의 배척과 고된 노동, 헐값의 임금을 감내하면서 한인 노동자들은 하와이에 정착해 해외 민족운동을 전개하는 한편, 한인들이 미국 사회에 정착하는 데 커다란 역할을 담당하였다.

하와이 교포들의 피땀으로 세운 대학

한인 최초의 하와이 이민 50주년을 기념해 설립된 인하공과대학교에는 하와이 교포들의 정성과 피땀이 배어 있다. 대학 설립에 필요한 기금은 하와이 교포의 2세 교육을 위하여 이승만 대통령이 설립·운영하였던 한인기독학원을 처분한 대금, 하와이 교포들의 정성 어린 성금, 그리고 국내 유지들의 성금 및 국고 보조 등으로 충당했다. 그리고 인천시로부터 교지를 기증받아 1954년 2월 '재단법인 인하학원'을 설립하고 1954년 4월 24일 인하공과대학으로 개교했던 것이다.

'공업 입국'이라는 국가적 과제를 해결하기 위해 설립된 인하대학은 정부의 막대한 보조금과 더불어 유네스코와 독일 정부로부터 원조를 받았다. 이를 기반으로 현대식 실험 실습 시설을 갖추고 한국의 산업과 과학기술 발전에 이바지할 우수한 학도들을 양성했다. 1968년 9월에는 ㈜한진상사로부터 2억 원의 기금을 기증받고, 인하학원의 운영권을 한진이 인수하면서 이사진을 개편했다. 한진그룹 조중훈 회장이 재단 이사장으로 부임하고 성좌경 박사가 학장으로 취임하면서 인하대학은 한진그룹의 사학이 되었다.

공과대학이었던 인하대학교는 1971년 12월, 문교부로부터 종합대학 인가를 받고 성장해왔다. 최근 몇 년간 한진그룹 일가의 족벌경영으로 인해 총장이 중도 사퇴하는 사태가 일어나면서 학교가 다소 위축되기도 했지만, 송도국제도시에 제2캠퍼스를 마련해 인천을 대표하는 명문사학으로 다시

인하대학교의 현재 모습 1954년 인하공업대학교로 개교하였던 인하대학교는 1971년 종합대학 인가를 받은 후 인천의 대표 사학으로 오늘에 이르고 있다.

한번 웅비하려고 노력 중이다.

인천 미추홀구 용현동에 위치한 인하대학교 캠퍼스에는 재단을 상징하는 비행기들이 놓여 있고, 평지에 탁 트인 캠퍼스가 대학 캠퍼스다운 운치를 더하고 있다.

가난한 청춘들의 해방구

인하대 캠퍼스보다 더 유명한 곳이 인하대 후문가이다. 민주화운동이 한창이던 80년대부터 다른 대학들이 '민족 고대'니 '해방 연세'니 하며 대학을 호칭할 때, 인하대는 '가격 인하'로 불렸다는 우스갯소리가 있다. 인하대 후문가의 주점과 식당들이 워낙 저렴해서 붙여진 말이다. 지금도 인하대 후문가는 다른 곳보다 가격이 매우 저렴해서 인천의 가난한 젊은이들이 모여드는 해방구 역할을 하고 있다.

25 한국이민사박물관

한국 이민 역사의 파노라마

인하대 설립의 역사적 배경이 된 한인 최초의 하와이 이민의 역사를 살펴보기 위해서는 월미도에 건립된 '한국이민사박물관'에 꼭 가봐야 한다. 한국이민사박물관은 하와이 이민 100주년을 기념하여 인천시가 '이민사박물관 추진위원회'를 발족하고 유물을 수집해 2008년 6월 13일 개관한 인천만의 고유한 역사문화박물관이다. 이 박물관을 짓기 위해서 하와이를 비롯한 해외 동포들의 기금과 인천시의 예산 115억여 원이 투입되었다.

한국과 세계를 이어주는 문화 인프라

한국이민사박물관은 건립 당시에는 시장의 치적을 위한 정치적 목적 때문에 그다지 큰 주목을 받지 못했다. 그러나 시대별로 하와이 이민의 생활사를 보여주고, 하와이뿐만 아니라 미국, 중국, 러시아, 중남미 등 해외 한인사회의 성장사를 기록한 자료와 유물이 다채롭게 전시돼 있어서 인천에서 꼭 가봐야 할 이색 박물관이라고 하겠다.

해외 네트워크의 구축과 전문 학예사들의 참신한 기획을 통해 근현대 시기 한국 이민의 역사를 생생하게 보여주는 특별 전시가 꾸준히 열리고 있다. 인천의 한국이민사박물관은 단순한 박물관의 의미를 넘어 해외 동포들의 발길이 끊이지 않는 소중한 인천의 문화 인프라일 뿐만 아니라 한국과 세계를 이어주는 소중한 문화 콘텐츠이자 문화 상징으로 자리 잡아가고 있다.

하와이로 간 1,000명의 사진 신부

하와이 이민사와 관련한 전시 중 '사진 신부' 이야기는 특히 눈길을 끈다. 초기 하와이 이민자들 중에는 미혼의 젊은 남성 노동자들이 많았기 때문에 이들의 결혼문제가 심각했다고 한다. 또한 하와이의 한인 노동자들은 이동률이 높아 농장주들도 한인 노동자들을 안착시키기 위해 미혼 남성들의

한국이민사박물관 외관(위)과 전시실(아래) 한국이민사박물관에는 해외 한인사회의 형성과 성장에 관련된 다양한 유물과 자료가 전시되어 있다. 한국 이민의 역사가 시작된 1902년 12월 22일 하와이로 떠나던 이민자들이 탔던 갤릭호의 외관을 그대로 살린 전시실이 인상적이다.

결혼을 추진하였지만, 한인 남성들이 하와이 현지에서 외국인과 결혼을 하는 것은 거의 불가능했다.

그래서 이른바 '사진 신부'가 생겨났다. 한국에 있는 여성과 이민 남성이 서로 사진을 교환해 혼인한 후 여성들이 하와이로 갔다. 사진 한 장으로 맺어지는 일종의 중매결혼인 셈이다. 하와이로 간 사진 신부의 숫자가 어느 정도였는지는 정확히 알 수 없지만, 1910년에서 1924년 사이에 약 600명에서 1,000명 정도였을 것으로 추정된다고 한다.

하와이로 간 첫 번째 사진 신부에 대한 기록은 〈국민보〉 1910년 12월 6일 자에 남아 있다. 이내수라는 사람과 약혼한 한국 부인이 도항하여 하와이로 갔고, 민찬호 목사가 이민국으로 가서 혼례식을 올려주었다는 내용이다.

하와이 사진 신부 초기 하와이 이민자들에게 찾아가 함께 가정을 이루고 정착했던 여성들은 사진 한 장으로 인연을 맺는 경우가 많았다. 이들을 '사진 신부'라고 불렀다.

이렇게 형성된 가정에서 태어난 2세들이 미국 시민이 되고, 미국 내 아시아계의 인구가 증가하면서 사진 결혼에 대한 반대 여론이 일어났다. 1924년 미의회가 동양인배척법(Oriental Exclusion Act)을 통과시키면서 더 이상 사진 신부는 미주지역에 들어갈 수 없게 되었다.

이민 한인 노동자들은 사진 신부를 통해 가정을 이루고 자녀가 생기면서 혈통뿐만 아니라 문화적 전통과 관습을 재생산할 수 있게 되었다. 이로 인해 한인단체, 한인교회, 한인학교 등이 지속적으로 유지되고 발전할 수 있는 기반이 마련됐던 것이다.

오늘날 한국인은 세계 어느 나라, 어느 험지든 가지 않은 곳이 없다. 그 기원이 되었던 최초의 하와이 노동 이민과 '사진 신부'가 궁금하다면 인천 월미도에 있는 한국이민사박물관을 방문해보시길.

…… 더 보기 : 인천의 박물관들 ……

'인천시립박물관'은 1946년 4월에 문을 연 우리나라 최초의 공립박물관으로 인천 지역 문화유산에 대한 체계적인 조사와 정리를 처음으로 시행한 곳이다. 초대 관장인 이경성 관장은 한국전쟁 발발 직전에 소장품을 안전한 곳으로 옮겨, 전쟁 중에 박물관 건물이 소실되었음에도 일부 유물을 지켜냈다고 한다. 시립박물관은 자유공원과 제물포구락부를 거쳐 현재 연수구 옥련동의 청량산 언덕에 자리하고 있다. 시립박물관의 야외전시장에는 특이하게 중국 원나라와 명나라 시대의 범종이 전시되어 있다. 이는 일제의 무기공장이었던 부평 조병창에 무기 재료로 방치되어 있었던 것이라고 한다.

인천시립박물관 이외에도 인천의 조계지역에 남아 있는 근대건축물을 전시관으로 활용해 박물관 군락을 이루고 있는 곳도 꼭 가봐야 할 곳 중의 하나이다. 일본조계지역인 일본제일은행 인천지점 건물을 리모델링해 개관한 **'인천개항박물관'**, 일본제18은행을 리모델링한 **'인천개항장근대건축박물관'**, 멸실된 대불호텔을 상상 복원해 개관한 **'대불호텔전시관'** 등이 있다. 중국조계 지역의 공화춘 건물에 만들어진 **'짜장면박물관'**과 인근에 새로 세워진 **'인천화교역사관'** 등을 둘러보다 보면 시간 가는 줄 모를 것이다.

이밖에도 인천에는 각 자치구별로 많은 박물관들이 지금도 새로 세워지고 있다. '지붕 없는 박물관'이라 불리는 강화도는 열외로 하더라도, 부평구에는 **'부평역사박물관'**이 건립돼 부평 지역의 노동사와 산업사를 보여주는 갖가지 기획전시가 열리고, 남동구 소래포구엔 **'소래역사관'**이 있다. 미추홀구는 동단위로 마을박물관을 하나씩 건립하고 있다. 계양구에는 **'계양산성박물관'**이 개관을 앞두고 있기도 하다.

26 수도국산 달동네박물관

똥고개라 불리던 달동네 서민들의 삶

요즘 인천 사람들 중에 똥고개란 말을 들어본 사람이나, 그곳이 어디인지 아는 사람은 그리 많지 않을 것이다. 그러나 박물관이 조성된 수도국산 달동네에 대해서는 한 번쯤 들어봤을 것이다. 똥고개는 바로 수도국산 달동네를 오르는 가파른 고개를 말한다.

서민들의 애환이 서린 대표 달동네

1910년에 건립된 수도국이 있다고 해서 수도국산(水道局山)이라는 별칭으로 불렸던 송림산. 그 아래에서 수도국산으로 올라가는 고갯길과 반대편 송림4동 8번지로 올라가는 고갯길이 활처럼 나 있다. 똥고개는 이 두 고개 모두를 일컫는 이름이었다. 수도국산 반대편 송림4동 8번지는 한때 주먹깨나 쓰는 깡패들의 소굴이라는 악명이 떠돌던 동네였다. 8번지 언덕 동네에서 옛 인천교로 향하는 또 다른 고갯길은 활터고개라고도 불렸다. 조선시대 이곳에서 지금의 도화동 쪽으로 활시위를 당겼던 활터가 있었다고 해서 유래된 이름이다. 활터고개는 또 숨을 헐떡이며 고갯길을 넘어 주안염전으로 오갔다고 해서 '헐떡고개'라고 부르기도 했다. 똥고개와 활터고개 고갯길을 따라 6·25전쟁 이후 갈 곳 없는 피난민들이 모여들면서 빼곡하게 판잣집들이 들어섰고 이 일대는 자연스럽게 인천을 대표하는 달동네가 되었다.

그런데 왜 똥고개란 말인가? 똥고개라는 지명의 유래에 대해서는 떠도는 이야기들이 몇 가지 있다. 8번지 아랫동네, 대주중공업 담벼락 맞은편에 지금은 없어진 재래식 분뇨처리장이 1960년대까지도 남아 있었다. 화장실이 없는 판잣집들에서 그곳까지 똥지게를 지고 퍼 날랐다고 해서 똥고개라 불렸다는 설이 가장 유력하다.

수도국산 끝자락에 있는 이 똥고개를 따라 호박과 복숭아 등을 키우는 밭들이 널려 있었고, 그 밭에 준 똥거름 냄새가 코를 찌를 듯 고약해서 똥고개라고 불렀다는 설도 있다.

여하튼 송림동 똥고개는 서민들의 애환을 상징하는 고개로 그 명성이 자자했다. 점잖지 않은 이 지명을 관청에서 그대로 사용하기 곤란했던지 송현아파트 앞 사거리를 '똥고개 사거리'라 하지 않고 '황금고개 사거리'라 명명한 웃지 못할 사례도 남아 있다.

벚꽃이 만개했던 수도국산

그렇다고 똥고개와 함께했던 수도국산이 예전부터 그렇게 구질구질했던 것은 결코 아니다. 1924년 4월 20일 자 〈동아일보〉 소식란에는 '연일 놀이도 많다'는 부제를 달고 벚꽃으로 꽃바다를 이룬 인천의 꽃놀이 소식을 내보냈는데, 월미도와 함께 송림산의 벚꽃놀이 소식을 보도하고 있다. 인천을 강제로 개항시킨 일본인들이 지금의 중구 일대에 터전을 잡자 인천 사람들은 경인철도 북쪽인 송현동, 송림동 일대로 밀려나야 했다. 그 가운데 가난한 사람들이 그리 높지 않은 송림산 언저리로 밀려 올라가 옹기종기 모여 살기 시작했다.

이후 수도국산은 8·15해방과 6·25전쟁을 겪으면서 전재민(전쟁으로 재난을 입은 사람)과 피난민들이 몰려들어 판자촌을 이루고 모여 사는 달동네로 급격히 변모했다. 1950년대에는

수도국산 달동네박물관 전경(위)과 전시실 모습(아래) 수도국산 달동네는 1990년대 도시주거환경개선사업으로 모두 사라지고 현재는 그 자리에 아파트단지들이 들어섰다. 2005년 개관한 달동네박물관에는 1960~70년대 서민들의 생활상이 재현되어 있다.

황해도 피난민들의 사투리로 동네가 소란했지만, 전후 복구기를 거친 1960~70년대에는 산업화의 물결을 따라 고향을 버리고 도시로 몰려든 충청도와 전라도의 장삼이사들이 가녀린 삶의 보금자리를 이곳에 마련했다. 신산스러운 타향살이의 설움을 마음에 부여안고, 그러나 쨍하고 해 뜰 날의 희망을 가슴에 품고 가파른 똥고갯길을 오르내렸던 이들의 공간이 수도국산 달동네인 것이다.

서민들의 생활사를 담은 이색 박물관

우리들의 아버지와 어머니가 옹기종기 모여 살았던 그 시절 수도국산 달동네의 풍광은 그러나 이제 영화에서나 볼 수 있을 뿐이다. 한 사람이 겨우 지나갈 정도의 비좁은 골목길은 구불텅한 곡예를 하면서 수도국산의 능선에 가닿고, 그 고갯마루를 넘어 도심지대인 동인천과 인천항 일대로 나아가 먹을 것을 구해와야 했던 시절. 골목길의 초입에 자리 잡은 구멍가게와 복덕방, 연탄집과 쌀가게를 한참 지나 내려가다보면 이발소도 나오고 솜틀집과 만화가게, 그리고 깡시장이 있던 하늘 아래 첫 동네.

가파른 똥고개를 오르내리며 아이들은 구슬치기와 고무

줄놀이, 숨바꼭질과 말뚝박기에 정신이 없고, 동네에 뻥튀기 아저씨라도 찾아올라치면 온 동네 아이들이 환호하던 곳. 여름이면 비가 새는 지붕 틈으로 밤하늘의 총총한 달과 별을 헤아리고, 겨울이면 매서운 바람에 이불 전쟁을 하던 그곳.

송림산 언저리 산등성이에 자리 잡았던 인천의 대표적 달동네 수도국산 달동네는 1993년 도시주거환경개선사업에 의해 일시에 정비되고, 그 자리에는 대규모 아파트단지가 불쑥 솟아 있다. 아파트촌의 조성과 함께 달동네 아이들이 연을 날렸을 법한 자리에는 공원이 조성되었고 그 한가운데 현대적 건축물의 외관을 자랑하는 수도국산 달동네박물관이 2005년 10월 25일 개관했다.

그리 크지 않은 공간 안에 달동네의 풍광과 삶의 모습을 알뜰하게 재현한 수도국산 달동네박물관은 한 시간 남짓한 짧은 시간 동안 우리가 벌써 아스라이 잊어가고 있는 지난 연대를 떠올리게 한다. 바쁘고 고단한 도시생활에 지쳐 문득 옛 시절이 그리워질 때, 인천 수도국산에 자리 잡은 달동네 박물관을 찾아가보는 건 어떨까.

27 웃터골운동장

한일전 야구가 펼쳐진 청년운동의 요람

1922년 5월 21일, 지금의 제물포고등학교 위치에 있던 웃터골운동장에서는 인천 청년운동의 기세와 인천시민들의 민족적 울분이 분출됐던 야구경기가 펼쳐졌다. 웃터골이라는 이름에서 알 수 있듯, 이곳은 터가 높은 곳에 자리한 운동장이었다. 웃터골운동장은 만국공원 아래 천연의 스탠드처럼 조성된 분지형 운동장으로 1920년대부터 1937년까지 인천의 공설운동장 역할을 했던 곳이다.

일본의 편파 판정에 격분한 관중들

웃터골운동장은 인천의 청년, 학생들이 민족적 울분을 달래며 미래에 대한 희망을 뜨거운 운동회의 함성과 운동경기로 풀어냈던, 인천 청년운동의 요람이었다. 1922년 5월 21일의 사건을 다룬 신문 기사를 보자.

> 전인천 춘기야구대회의 1, 2회전은 이미 보도한 바거니와 제3회전과 결승전은 예정대로 오는 21일 상오 9시부터 시작된 바 정각 전부터 앞을 다투어 모여든 관중은 인산인해를 이루었으며 (……) 하오 4시 반부터 한용군의 선공으로 결승전이 시작되니 장내를 뒤집는 듯한 박수 소리와 한용군의 여용여호한 용기는 산을 무너뜨리고 바다를 뒤집을 듯한 기세로 대전할 때 일본인 루심의 왕왕 부정당한 심판에 일반 관중은 분개하여 부르짖는 소리가 자주 일어 (……) 감정이 격앙되었던 일반 관중은 장내로 모여들어 심판의 불공평을 책망하며 사태가 심히 험악하였으므로 이 급보를 접한 경관대가 현장에 들어와서 문제의 해결은 경찰서로 가서 하자 할 때에 약송 체육협회장은 심판진과 체육협회 간부와 양 군의 주장을 자기 집으로 청하여 심사한즉 사실은 야구 규정에 의하여 심판의 실수이므로 선후책을 협의한 결과 오후 10시 반에 이르러 결승전은 무조건으로 무기 중지되었으며, 협의하는 동안에는 경관대의 제지와 해산 명령에도 불구하고 수천의 관중은 위립하여 사태가 심히 험악하였으나 밤이 깊

은 후에야 무사히 헤어져 돌아갔다더라. —「전 인천야구 결승 중지」[8]

대회는 인천체육협회 주최의 제1회 전인천 춘계 우승기 쟁탈대회 결승전. 조선 세 팀, 일본 일곱 팀이 출전한 이 대회의 결승전은 조선을 대표하는 한용청년회 야구단과 일본을 대표하는 동지회 야구단의 대결이었다. 6대 5의 아슬아슬한 1점 차 승리로 9회 말 수비를 맞이한 한용팀! 투아웃 주자 3루 상황에서 일본 심판의 편파적 판정으로 동점을 내주는 어처구니없는 상황을 맞게 되었던 것이다. 이에 격분한 조선의 수천 관중들이 경찰의 제지에도 불구하고 거세게 항의하는 사태가 밤늦게까지 연출되었다는 사실을 당시의 〈동아일보〉는 매우 상세히 보도하고 있다.

인천의 대표적인 청년운동단체

한용단 야구팀은 식민지 인천의 조선인들에게는 긍지를 느끼게 해주는 야구팀이었다.

---

8 〈동아일보〉, 1922년 5월 23일.

인천으로부터 경성시내 각 학교에 통학하고 있는 조선학생 수십 여 명의 발기로써 한용단(漢勇團)이라 하는 일종의 구락부를 조직해 가지고 인천에 있는 일반 청년들의 친목과 지식의 교환, 운동의 장려를 도모한다 하는데, 그 단은 작년 봄에 세워 차츰차츰 확장을 해나가던 바 그 당시에 만세소요로 인하여 중요한 임원들은 모두 철창 아래에서 신음하게 되었으며 그나마 몇 사람들이 뒤를 이어 내려오다가 지금은 그 단의 회원은 칠팔십 명에 달하였으며, 운동은 야구, 정구, 축구 등이 있고 문예부에는 도서 같은 것도 갖추어 놓고 단원이 수의로 열람케 한다 하는데, 인천 유지들은 청년들의 뜻을 가상히 여겨서 각각 기부들도 많이 한다고 한다.

—「인천에 한용단, 일반 청년의 화목과 운동의 장려도모」[9]

인천 한용단은 인천의 대표적인 청년운동단체였다. 기사에 따르면 한용단이 결성된 것은 3·1운동이 한창 진행되던 1919년 봄이었다는 것을 알 수 있다.

〈매일신보〉의 1919년 11월 13일 자 기사에 따르면 인천

---

9 〈매일신보〉, 1920년 6월 15일.

1921년의 한용단 야구팀 한용단은 일제강점기 인천의 대표적인 청년운동단체였다. 야구팀뿐 아니라 정구팀과 축구팀도 있었다고 한다.

내리(內里)의 젊은 청년들 30여 명이 야구와 축구를 하기 위한 운동 단체로 한용단을 조직하였다고 한다. 그러나 이 기사를 통해 보건대 인천 한용단은 단순한 친목 운동 단체가 아니었음을 알 수 있다. 한용단을 결성한 중요 임원들이 3·1 만세운동에 깊이 참여한 까닭에 이미 영어(囹圄)의 몸이 되었다는 대목을 보면 더 분명해진다. 한용단은 그저 단순한 학생들의 친목 체육 단체가 아니라 강렬한 청년민족운동을 지향하고 있었던 것이다.

3·1만세운동과 청년운동단체들

한용단 같은 청년민족운동단체가 탄생하게 된 배경에는 거국적인 3·1만세운동이 자리하고 있다. 1919년 3·1만세운동은 국가적 차원에서 획기적인 민족운동이었을 뿐만 아니라 지역적으로도 대사건이었다. 거족적인 민족항쟁을 맞아 일제 총독부는 어쩔 수 없이 무단통치에서 문화정치로 통치술을 바꾸게 되었다. 그러자 제반 사회운동이 합법, 비합법적으로 발효하는 토양이 만들어졌다. 식민 도시 인천에서도 3·1운동을 계기로 각 분야의 다양한 사회운동이 출현했던 것이다. 일제의 식민통치에 저항하는 민족운동뿐만 아니라 각종 계급운동과 문화운동, 청소년운동과 여성운동이 인천에서 분출하기 시작한 것도 바로 그 무렵부터였다.

가장 먼저 인천에서 만들어진 청년단체는 1910년대 후반에 출현한 '경인기차통학생친목회'였다. 이는 인천 지역의 본격적인 청년운동단체의 효시인 인천 한용단의 모태가 되는 단체이다. 당시 인천에는 초등학교를 졸업한 조선인 학생이 진학할 중학교가 실업학교인 인천상업학교밖에 없었다. 이에 똑똑한 인천의 학생들은 서울에 있는 학교로 진학할 수밖에 없었고 이 과정에서 자연스럽게 '경인기차통학생친목회'

가 만들어졌던 것이다.

당시 양정고보를 다녔던 친목회의 회원 고일(高逸) 선생은 훗날 그의 책『인천석금』에서 "한용단의 어머니격인 친목회는 인천의 문학청년을 아들로 탄생했으니 운동경기를 외피(外皮)로 한 핵심은 민족해방정신을 내포(內包)한 문학운동"이었다고 회고하였다.

인천에 경인기차통학생친목회와 한용단만 있었던 것은 아니다. 한용단보다 앞서 활동하고 있던 감리교 계통의 인천 남·녀엡윗청년회, 오늘날로 말하면 YMCA와 YWCA의 선배 단체가 있었다. 엡윗청년회도 본격적인 청년문화운동에 뛰어들었다. 경인기차통학생친목회와 한용단의 뒤를 이어 배재고보 출신 인천 청년모임인 인배회(仁培會)를 비롯하여 제물포청년회, 인천무산청년동맹, 인천화평청년단, 인천여자청년동맹, 인천청년회, 인천청년연맹 등 청년단체들이 연이어 결성되면서 정력적인 청년운동을 전개하였다.

청년들의 함성이 메아리치던 운동장

1920년대 인천의 청년단체들이 각 분야에서 문예활동을 전개하다가 운동경기로 만나곤 했던 곳이 바로 웃터골운동장,

지금의 제물포고등학교 자리였다. 인천의 학생들이 운동회를 열고 뜨거운 함성으로 젊음의 열정을 펼치던 웃터골운동장에 1937년 일본인 학생들만 입학할 수 있는 인천중학교가 들어섰다. 이 때문에 일제치하에서는 더 이상 조선학생들이 뛰놀 수 없는 곳이 되기도 했다.

8·15해방 이후 인천중학교는 다시 조선 청년들의 배움의 도량이 되었고, 1954년 제물포고등학교가 건립돼 오늘에 이르고 있다. 지금도 자유공원에 오르노라면, 일제치하에서 민족적 울분을 떨치며 일어서던 청년들의 함성이 메아리치는 것 같다.

웃터골운동장 터에 자리 잡은 제물포고등학교 1937년 일본인만 입학할 수 있는 인천중학교가 세워지면서 인천 청년운동의 요람이었던 웃터골운동장은 사라졌다. 현재 웃터골운동장 터에는 제물포고등학교가 자리하고 있다.

28 주안염전

'인천짠물'들이 소금을 만들던 곳

한때 인천 사람들을 '인천짠물'이라고 부르곤 했다. 요즘도 인천 사람들을 이렇게 부르는지 모르겠지만, 풍속의 힘은 강해서 군대같이 팔도 사나이들이 다 모이는 곳이면 어김없이 인천 사람들을 '인천짠물'이라고 재미있게 부르곤 할 것 같다. '서울깍쟁이', '강원도감자바위'처럼 나름 각 지방 사람들의 특징을 다소 속되게 표현한 속어 중에서 인천 사람들이 '인천짠물'이라고 불리는 이유는 무엇일까?

인천짠물의 유래에 대한 가설

인천짠물에 대한 몇 가지 설이 있다. 인천 사람들의 당구 실력이 이기기 힘들 정도로 매우 짜다는 의미라고도 하고, 인천 사람들이 각박하게 살다 보니 매우 인색하다는 뜻으로 해석하는 사람들도 있다. 그런데 이 두 가지 해석은 아무래도 근거 없는 추정인 듯하다.

2010년에 인천광역시립박물관에서 기획특별전으로 '인천짠물에 대한 해명'이라는 제목의 전시를 개최한 적이 있다. 전시의 구성은 오해와 해명1, 해명2, 결론으로 구성되었다. 오해 파트에서는 앞서 말한 두 가지 추측, 즉 당구 실력과 경제 관념에서 비롯된 속설이 오해임을 알렸다. 해명 부분은 '인천짠물'의 연원이 인천에서 많이 생산된 소금에서 비롯되었다는 첫 번째 해명과 아무 맛도 나지 않는 맹물과 비교해 짜고 야무진 근성을 가진 인천 사람들의 특성에서 비롯되었다는 두 번째 해명으로 구성되었다.

인천광역시립박물관 제공

'인천짠물에 대한 해명' 전시 포스터
2010년 인천광역시립박물관의 특별전시로 기획되었다. 이 주제로 전시가 기획될 만큼 '인천짠물'이라는 말이 널리 쓰였음을 알 수 있다. 포스터의 소재로 사용된 당구와 소금포대 등이 재미있다.

'맹물보다 야무지고 근성이 있는 인천 사람들'이라는 두 번째 해명은 좀 그렇다 해도, 인천짠물이 소금과 관련이 있다는 것만큼은 확실한 것 같다. 바로 주안염전이 있었기 때문이다.

'주안'이라는 지명의 유래

인천의 대표적인 공업지대이자 주거지역이기도 한 주안. 오늘날 우리가 흔히 부르는 주안은 근대 이전엔 길고 너른 갯고랑을 따라 바닷물이 들고 나는 해안지대였다.

'주안(朱安)'이라는 지명은 그 유래가 주안산(朱雁山) 때문에 생겼다고 한다. 글자 그대로 흙이 붉고(朱) 산의 모양이 기러기(雁)가 내려앉은 것 같아 주안산이라 불렀다고 알려졌다. 지금은 인천에 없는 지명인 주안산은 간석동과 만수동, 부평동 사이에 위치한 만월산(滿月山)의 옛 이름이다. 그런데 「대동여지도」에는 기러기 안(雁)자 대신에 언덕 안(岸)자가 들어간 주안산(朱岸山)으로 기록돼 있다. 주안산이라는 지명은 주안이라는 고유어를 한자로 표기하다 보니, 지도마다 다른 '안'자를 쓰게 됐던 모양이다.

1899년 경인철도가 만들어질 당시까지만 해도 전통시대의 통신과 교통의 요충지였던 역마가 머무는 자리가 남동구

일제강점기의 주안염전 지대 1929년에 작성된 인천관광지도. 지도의 우측에 표시된 '주안염전'의 위치를 확인할 수 있다.

간석동 지역에 있었다고 전해진다. 그러다 근대문물을 실어 나르는 경인선 철도가 지금의 주안역 인근에 들어섰고, 역 이름을 주안역이라고 부르기 시작했다.

1906년에는 이 일대 저지대 해안에 대규모 염전이 생겨나면서 '주안염전'이라 불렸다. 일제는 '주안(朱岸)'이라는 표기에서 제멋대로 한자를 바꿨고, 오늘날의 '주안(朱安)'이 되었다.

우리나라 최초의 천일염전지대

주안 일대에는 바닷물이 깊이 들어왔다. 간척사업을 많이 진행해 오늘날에는 원래의 해안선을 더듬어볼 엄두조차 낼 수 없지만, 지금은 육지 한가운데 위치한 간석동과 십정동 일대까지도 이전엔 모두 바닷가 갯벌이었다. 이 일대의 토지를 탐낸 일본인에 의해 황무지간척사업이 추진된 곳도 바로 주안포 지역이었다. 바로 이곳에서 1906년에 우리나라 최초의 천일염전(天日鹽田)지대인 주안염전이 탄생했던 것이다.

주안염전이 생긴 뒤 근대적 방식으로 품질 좋은 소금을 다량 생산하게 되자 국가는 소금 생산을 늘리기 위해 염전을 계속 확장해나갔다. 소래지역에 남동염전이, 곧이어 시흥지역에 군자염전이 연이어 만들어졌던 것이다. 멀리 평안도 광양만에서부터 서해안을 끼고 있는 충청도, 전라도 지방까지도 염전지대가 조성됐다. 하지만 특히 인천에 염전이 많아 1930년대에는 인천 지역 염전에서 생산한 소금이 전국 소금 생산량의 절반에 육박했다.

이 무렵 인천항은 호렴(胡鹽)이라 불리던 중국 산둥(山東)산 천일염의 수입항으로도 유명했다. 인천 시내에 천일염을 정제해 새하얀 곤소금으로 만드는 공장도 여럿 들어섰다. 1937년 개통한 수원-인천 간 수인선 열차도 소금을 많이 실어 날라서 '소금열차'라 불렸다. 이쯤 되면 인천과 소금의 인연은 참으로 깊다고 할 수밖에 없다.

사라진 주안염전과 남아 있는 인천짠물들

1950년대까지 호황을 누렸던 주안염전지대는 1960년대 들어 박정희 정권의 산업화정책에 따라 수출산업공단이 대대적으로 조성되면서 쇠락의 길을 걷기 시작했다. 1967년부터 실시된 대규모의 토지구획정리사업으로 아파트와 문화주택단지가 들어서면서 염전의 기능은 더더욱 몰락했다.

인천항과 서울을 연결하는 경인고속도로를 비롯한 교통망의 확충과 한국수출국가산업단지 조성 계획으로 주안염전은 1968년부터 폐전되기 시작했고, 염전 부지가 매립돼 5공단이 조성되면서 이곳은 역사의 뒤안길로 사라지게 되었다. 1970년대 산업단지로 변모한 주안 지역은 점차 인구가 증가하고 지역 상권이 활성화되면서 교육과 금융, 각급 행정기관들이 밀집되어 1980년대에는 동인천 지역에 버금가는 도심지 기능과 상권을 형성했다.

1970년대 주안동으로 인천고등학교가 이전하고 인천시민회관이 건립된 이후부터 1990년대 초 구월동 시청 일대가 부상하기 전까지, 주안 일대는 잠깐 동안이나마 인천 문화의 구심점 역할을 했다. 1985년 5월 3일 인천시민회관 앞 사거리에서 일어난 5·3인천민주항쟁은 주안시대의 피날레였다

주안염전 터의 현재 모습(위)과 표지석(아래) 주안염전이 매립되고 그곳에 공단이 들어서면서 염전이 폐전되기 시작해서 지금은 완전히 사라졌다. 주안염전 터에서 예전 염전의 흔적을 찾기는 쉽지 않다. 한국 최초의 천일염전 자리였음을 알리는 표지석은 낡은 건물 앞 철제 울타리에 갇혀 있어 눈에 잘 띄지 않는다.

고 할까?

주안염전이 모태가 된 인천 주안동. 이곳은 소금과 짠물의 생명력이 살아 숨 쉬던 인천의 또 다른 명소다. 주안역 건너편 동네는 지금도 인천의 청소년들이 즐겨 찾는 2030거리로 활기가 넘친다. 옛날의 주안산이었던 만월산에 올라 주안 일대를 굽어보노라면 바다와 염전의 흔적은 전혀 찾아볼 수 없다. 그러나 오늘도 '짠물' 인천 사람들은 부지런히 희망의 미래를 찾아 주안역을 거쳐 서울을 오르내리고, 5공단 공장을 오가며 분주한 삶을 살아가고 있다.

29 맘모스체육관

사라진 '동양 최대'의 꿈

사라진 '맘모스체육관'을 아는가? 인천시 남구 도화동 235번지에 위치한 선인체육관. 지을 당시의 정식 명칭은 '인천체전 실내종합경기장'이었다. 이 거대한 체육관은 지금 인천에서 찾아볼 수 없는 추억의 이름 '맘모스체육관'으로 남았다. 언덕 위에 건립된 돔 모양의 체육관과 양옆으로 높이 65m, 13층 규모의 건물 2개 동이 세워진 특이한 외형의 이 체육관은 당시 인천의 웬만한 곳에서는 그 거대한 모습을 볼 수 있어서 '맘모스체육관'이라고 불렸다.

동양 최대 규모의 실내체육관

1970년 4월에 착공돼 만 3년 6개월의 공사 끝에 완공된 맘모스체육관은 건립 전부터 '한국 체육의 매머드 도약대', '동양 최대 규모를 자랑하는 실내체육관'으로 선전되었다. 또한 이곳은 축구와 야구를 빼고는 어떤 국제 스포츠 경기라도 실내에서 치를 수 있도록 지은 다목적 '스포츠전당'이기도 했다.

실내에 육상 400m 정식 트랙까지 갖추도록 설계된 이 실내종합경기장은 서울 장충체육관의 3배에 달하는 거대한 규모로, 당시 돈 20억 원의 공사비와 연인원 27만 명을 투입하고, 시멘트 60만 포와 철근 1만 여 톤을 들여 건축되었다. 맘모스체육관은 박정희 유신독재시대의 속도전과 독재정권의 국력 과시의 상징물이었던 것이다. 〈경향신문〉은 곧 완공될 맘모스체육관의 위용을 사진과 함께 자세히 소개하면서 건립 목적을 다음과 같이 보도했다.

> 이 매머드 실내체육관은 선인학원 백인엽(白仁燁) 이사장의 필생의 꿈이 담긴 것으로 각종 국제대회에서 금메달 획득의 요람으로 될 것을 다짐하고 있다.
>
> —「동양 최대 다목적 '스포츠전당' 인천체전 매머드 실내종합경기장」[10]

---

10 〈경향신문〉, 1973년 6월 14일.

기사에 소개된 것과 같이 이 건물의 건립을 주도한 사람은 백인엽 예비역 장군이었다.

개발독재시대 과시 욕망의 산물

평안남도 출신의 백인엽 장군은 6·25전쟁이 발발하자 한국군 사상 최연소인 27세의 나이로 사단장에 오른 입지전적 인물이다. 그의 친형 백선엽 장군은 6·25전쟁이 발발하자 1사단장으로 근무하면서 수많은 전공을 세워 훗날 육군참모총장까지 올랐다. 동생 백인엽도 1955년 중장으로 진급한 이후 1960년 4·19혁명 직후 육군 중장으로 예편하기까지 군의 요직을 두루 거쳤다.

형 백선엽이 교통부장관에 오르는 등 정부 고위 관료로 승승장구했던 것과 달리 동생 백인엽은 관직에는 오르지 못하고 6사단장으로 재직하면서 1958년 성광학원을 인수하여 교육사업에 뛰어들었다.

박정희 정부의 지원을 받으며 학원을 키웠던 백인엽은 1964년 형과 자신의 이름 가운데 글자를 따 학원 이름을 '선인학원(善仁學園)'으로 개명한다. 또 백선엽의 호 '운산'과 자신의 호 '운봉'을 따 학교를 세우고, 어머니의 호를 따 '효열초등학교'를 설립했으며 학교 확장을 위해 중국공동묘지와 인근 민가를 훼손하는 등 불도저식 확장을 거듭했다. 1979년에는 인천공과대학을 건립하는데, 그것이 오늘날 국립대학법인 인천대학교의 전신이다.

1973년 국제대회 금메달을 목표로 하며, 동양 최대 크기로 건립했던 맘모스체육관은 개발독재시대 백인엽이 가졌던 권력을 과시하고 국가에 이바지하고자 한 욕망의 산물에 다름 아니었다. 그러나 화무십일홍, 열흘 붉은 꽃은 없다. 1981년 선인학원을 둘러싼 갖가지 비리가 터져 나오면서 백인엽은 선인학원의 이사장직에서 사임하게 된다. 선인학원은 종국에 인천시민의 힘으로 시립화가 됐으니, 개발독재시대 인천 역사의 한 페이지가 그렇게 저물었던 것이다.

가난과 굶주림을 딛고 후진국 대열에서 벗어나 비로소 '동양 최대'를 꿈꾸던 그 시절, 국민적 염원을 개발독재의 욕망과 뒤섞어서 탄생시킨 '맘모스체육관'에서는 유독 헝그리 복서들의 분투와 영욕이 가득했다.

1976년 10월 맘모스체육관에서 4전 5기의 신화를 썼던 홍수환 선수의 세계타이틀매치가 열리기도 했다. 불행히도 이날 경기에서 홍수환 선수는 12회에 KO패를 당했다. 1987

1973년 〈경향신문〉에 실린 맘모스체육관 건립 당시의 모습(왼쪽)과 2013년 〈연합뉴스〉에 실린 맘모스체육관 철거 장면(오른쪽) 1973년 동양 최대 규모로 건설된 맘모스체육관은 40년 만에 전격 철거되었다. 맘모스체육관의 철거는 인천도시공사가 도화도시개발지구 개발 부지를 확보하기 위해 폭파공법으로 진행했다. 체육관 내부 기둥에 196개의 폭약 485㎏을 설치해 2013년 8월 3일 토요일 저녁 7시경 30초 동안 순식간에 진행했다. 1층부터 13층까지 차례로 폭약이 폭파되면서 완전히 주저앉은 맘모스체육관은 건립된 지 약 40년 만에 그렇게 덧없이 사라져버렸다.

체육관 발파해체

년 4월에는 헝그리복서의 상징 같은 인물이었던 '땅콩' 장정구 선수가 멕시코의 엔프엔 핀터를 6회 KO로 제압하고 WBC챔피언 타이틀 12차 방어에 성공해 인천 관중들의 뜨거운 박수갈채를 받았다.

2005년 9월 인천에서 아시아육상경기대회가 열렸을 때는 100여 명의 북한 청년학생협력단이 인천을 방문해 남북문화교류를 펼치기도 했다. 바로 그때 지금은 북한의 퍼스트레이디가 된 이설주가 응원단에 포함돼 맘모스체육관을 찾기도 했다.

1970년대 이래 가파른 성장을 구가했던 개발독재시대 서민들의 애환과 함께했던 맘모스체육관. 지금 그 자리에서 맘모스의 흔적은 전혀 찾아볼 수 없다. 그 대신 그곳에는 맘모스보다 더 거대한 뉴스테이아파트단지가 즐비하게 세워졌다. 어쩌면 우리는 지금도 '동양 최대'를 넘어 '세계 최고'라는 또 다른 허상에 사로잡혀 또 하나의 거대한 '맘모스'를 이 도시에 짓고 있는 건 아닐까.

30 답동성당

탄압을 딛고 사회적 약자와 함께

조선에 본격적으로 서양 문물이 전래되고 서양 종교가 전파된 것은 중국에 파견됐던 사신들이 가져온 한역서학서(漢譯西學書)를 통해서였다. 천주학은 처음에는 학문 이상의 관심은 불러일으키지 못하다가 성호 이익(李瀷) 선생의 뒤를 이은 기호지방의 남인 학자들에 의해 종교로 수용되기 시작했다.

1784년에 북경을 방문한 이승훈(李承薰)이 세례를 받은 것을 시작으로 우리나라에서도 본격적인 천주교 복음 전파가 시작되었고, 수많은 사람들이 입교함으로써 한국 천주교회의 창설이 이루어졌다.

천주교 전파의 시작

한국 천주교회 창설에 주도적 역할을 한 이승훈의 선향은 인천의 동쪽 외곽지인 반주골(지금의 인천 남동구 장수동)인데, 인천 천주교회에서 최근 이승훈 묘역을 성역화하는 사업을 전개 중이다.

이승훈의 포교 이후에도 천주교는 가혹한 박해와 탄압에 시달렸다. 조선 정부가 천주교 선교사들의 포교를 정식으로 허가한 것은 1886년 한불조약이 체결되면서부터이다. 대원군에 의해 혹독한 탄압을 받았던 천주교 신부들은 프랑스 파리외방전교회 소속이었다. 조선 정부와 프랑스가 다른 나라보다 늦게 통상 조약을 체결하게 된 것도 천주교 포교권을 요구하는 프랑스 정부의 요구 때문이었다고 한다. 파리외방전교회에서 조선 교구의 주교로 파견한 블랑(Marie J. G. Blanc, 백규삼) 신부는 한불조약 체결 이후 대성당과 기타 교회에 부속된 시설에 필요한 대지를 물색하여 지금의 명동인 종현언덕에 터를 다졌다. 그리하여 1893년에 약현성당을 건립하게 된 것이다.

우리나라에서 두 번째로 오래된 성당

1887년 개항지 원산에 본당을 설립한 블랑 주교는 뒤이어 상업이 번창하고 수도의 관문이기도 한 제물포에 본당 설립을 추진했다. 제물포에 세워진 인천의 답동성당은 약현성당에 이어 우리나라에서 두 번째로 오래된 성당 건축물로, 명동성당보다 1년 빠른 1897년에 건립되었다.

제물포 본당에 처음 부임한 빌렘(Nicolas J. M. Wilhelm, 홍석구) 초대 신부는 답동 언덕 일대의 땅을 기증받았는데, 이 분은 훗날 이토 히로부미를 저격해 감옥에 갇혀 있던 안중근 의사를 찾아가 안수기도를 했던 분이기도 하다. 빌렘 신부의 노력으로 부지를 확보한 후 1894년 코스트(Coste, E. J. G)와 샤르즈뵈프(Chargebeouf) 신부가 성당의 기초 설계도를 그리고, 1895년 8월 공사에 착수해 1897년 7월 완공했다.

조선교구에서 원래 성당을 지으려던 곳은 외국인의 왕래가 잦고 주민들이 모여 사는 인천역 주변이었다. 하지만 발전 가능성을 고려해 답동 언덕에 세우기로 계획을 바꿨고, 인천의 유력한 천주교 신자였던 민선훈(요셉)이 엽전 25냥이라는 약간의 돈을 받고 땅을 기부했다. 그리하여 약 2년여의 공사 끝에 1897년 7월, 임시 성당의 정초식을 거행하기에 이

답동성당의 현재 모습 1897년에 지어진 답동성당은 우리나라에서 두 번째로 오래된 성당 건축물로 100년이 넘는 세월 동안 그 아름다움과 종교적 위엄을 간직하고 있다.

르렀던 것이다. 1933년에는 신도들이 늘어나자 5대 신부 드뇌(Deneux, E.)가 본당의 개축공사에 착수하여 1937년 6월 말 오늘날과 같은 모양의 답동성당이 완성됐다. 예전의 건물 구조는 그대로 두고 외벽에 벽돌을 붙이고 문을 다시 내는 등 부분적으로 증축한 것이다.

고아와 여성을 위한 교육

포교의 자유가 허락되자 프랑스 천주교회는 영국의 성공회, 미국의 감리교, 장로교와 치열한 포교전쟁을 해야 했다. 제물포에서 영국 성공회가 의료선교와 교육선교를 진행하고, 미국 감리교회에서도 교육선교에 적극적으로 나서자 인천 제물포 본당에서도 1892년부터 조선인 자제들을 대상으로 교육을 실시했다.

천주교회는 고아원을 설립하여 사회복지선교도 진행했다. 1894년 성바오로수녀회 제물포 분원이 설치되자 수녀들과 함께 병자들의 치료뿐만이 아니라 15명가량의 어린이들을 모아 처음으로 고아원(오늘날 해성보육원의 전신)을 운영했다. 특히 여자 아동들을 상대로 여자기술학교를 운영하기 시작했다. 고아원과 별도로 조선인 여학생들만을 대상으로 시작

인천광역시립박물관 제공

제물포 고아원의 모습을 담은 사진 엽서 답동성당은 1890년대부터 고아원을 설립하여 사회복지에 힘썼다. 근대식 벽돌 기둥을 배경으로 식사 중인 당시 원생들과 수녀들의 모습을 확인할 수 있다.

한 이 학교는 아마도 한국 최초의 근대적 초등여성교육기관 중 하나일 것이다.

제물포 본당의 여자기술학교에 뒤이어 1900년에는 종현성당, 1901년에는 약현성당에서도 여학생들을 위한 학교가 연이어 개설됐다. 제물포 본당에서 지속적으로 추진되었던 학교 개설 움직임은 1900년에 들어 드디어 인천항사립박문학교의 개교로 그 결실을 맺었다.

인천항사립박문학교 설립에는 천주교 제물포 본당과 성바오로수녀회뿐만 아니라 인천의 애국계몽운동 세력의 모임인 인천박문협회가 함께했다. 이렇게 해서 설립된 인천항박문학교는 감리교회가 세운 영화학교와 함께 일제강점기 내내 조선인들을 위한 사설초등교육기관으로 그 역할을 담당했다.

노동운동과 민주화운동의 성지

해방 이후 미국 메리놀외방전교회가 운영하기 시작한 인천천주교회는 엄혹했던 군부독재시절 민주화의 성지였고, 쫓기는 노동자들을 받아 품어주었으며, 사회정의를 위해 울림이 큰 목소리를 내주고, 민주화의 횃불을 밝힌 곳이었다.

특히 인천 천주교회는 다른 어느 교구보다 앞서 사회사목부에 노동사목을 개설하고 노동자들의 아픔을 보듬었던 곳이다. 지금으로부터 50여 년 전인 1967년 5월, 강화도에 소재한 직물회사인 심도직물에서 한국가톨릭노동청년회(JOC)의 주도로 노동조합이 결성됐을 때도 노동자의 편에 섰던 인천 천주교회였다. 고도성장을 추구했던 한국사회의 폭압적 구조에 맞서 사회정의를 지켰고, 1987년 인천민주화운동의 심장부 역할을 하기도 했다.

120년이 넘는 세월 동안 답동 언덕을 지키고 있는 인천 천주교회의 모교회인 인천답동성당(사적287호). 종교의 권위가 나날이 추락하고 있는 오늘날, 가난한 서민들과 함께했던 답동교회의 의미가 남다르게 다가온다.

31 싸리재

카페로 부활하는 역사의 거리

싸리재는 싸리나무가 심어진 고갯길이라는 의미로 한자로는 '축현(杻峴)'이라고 한다. 싸리재는 지금의 경동사거리에서 애관극장 앞을 거쳐 배다리마을로 넘어가는 고갯길이었다. 이곳에는 시민들의 노력으로 오래된 건축물을 살려 새롭게 문을 연 카페들이 있다. 오늘날의 중구 경동, 옛 지명으로는 싸리재라 불리는 거리의 한가운데 위치한 카페 싸리재도 그런 곳이다.

조선인 상인거리의 흥망성쇠

일제강점기 일본인들은 싸리재라는 고유 지명을 없애버리고 이 동네를 경정(京町), '쿄마치'라고 명명했다. 아무래도 경성으로 가는 길목이라 경성통(京城通)이라고도 불렸는데, 거기서 경정이라는 이름을 딴 것으로 보인다.

인천의 인구가 점차 늘어나고 개항장 지구에서 뻗어 나온 인천의 상권이 내동을 거쳐 싸리재까지 이어지면서 작은 잡화상들이 고갯길 좌우에 하나둘씩 자리를 잡았다. 일본인들이 경동사거리 부근까지 거류지를 확대해갔지만, 싸리재는 여전히 조선인 지역이었다. 싸리재에는 일본인에 밀려난 조선인들이 모여 살며 마을을 이뤘을 뿐만 아니라 길 따라 상가건물들이 들어서면서 1920년대 이후 조선인 상인거리가 길게 형성됐다.

싸리재는 해방 이후에도 신포동 상권과 함께 인천을 대표하는 상업지구로 1980년대까지도 그 명성을 이어갔다. 이 거리에는 1954년 인천 최초의 백화점인 항도백화점도 들어섰으며, 4·19혁명 때는 인천의 학생들이 시가행진을 전개하기도 했다.

1980년대 중구에 있던 인천시청이 남동구 구월동으로 이전하고 난 후 동인천 상권이 침체하면서 싸리재는 옛 영화를 잃어버리게 된다. 1990년대 이후에는 가구점들이 많이 들어서면서 가구거리로 명맥을 유지하다가 빈 상가가 여러 곳 생기면서 침체되었다.

싸리재를 다시 살린 카페

이 거리가 최근 들어 다시 활기를 띠고 있다. 복합문화공간인 카페 싸리재가 탄생한 것이 주요한 계기가 되었다. 카페 싸리재는 싸리재의 한가운데인 인천 개항로에 위치한 2층짜리 한옥을 전면적으로 개보수하여 만들어졌다. 인천기독병원 바로 아래 위치한 2층짜리 'ㅁ'자 한옥 건물을 매입한 것은 의료기 판매 사업을 하던 박차영 선생이다. 박 선생은 이

옛 한옥을 고쳐 만든 카페 싸리재 카페 싸리재는 미음자 모양의 2층짜리 한옥을 개조하여 만든 카페다.

카페 싸리재의 전경(위)과 천장(아래) 카페 싸리재는 오래된 일식 한옥의 원형을 최대한 보존하는 방향으로 만들어졌다. 한옥 수선을 위해 2층 천장을 뜯어내자 1933년에 건축되었음을 알려주는 상량문이 드러났다.

건물의 가치를 알리고 아울러 쇠락한 싸리재를 되살리는 작은 불씨가 되고자 건물을 대대적으로 수선하는 작업에 착수했다.

창고로만 쓰이던 2층의 천장을 뜯어내자 한옥의 상량문이 드러났는데, 소화 8년(1933년)에 건축되었다는 사실을 확인할 수 있었다. 수개월간의 세심한 보수작업을 거쳐 탄생한 카페 '싸리재'는 일제에 의해 잃어버리고 상권의 쇠퇴로 사라져버린 싸리재를 다시 살리는 계기가 되었다. 현재 싸리재는 젠트리피케이션이 걱정될 만큼 새로운 문화시설들이 곳곳에 들어서고 있다.

2013년 10월에 문을 연 카페 싸리재에서는 강연을 비롯한 다양한 문화행사가 진행되고 있다. 뿐만 아니라 박차영 선생이 평생 수집한 오디오와 LP판을 들으면서 역시 박차영 선생이 개발한, 오직 카페 싸리재에만 있는 메뉴 '카페 봉봉'과 '싸리재 커피'를 맛본다면 이곳에서만 느낄 수 있는 독특한 분위기를 만끽할 수 있을 것이다.

더 보기 : 카페 팟알

'카페 팟알'은 시민들이 함께 공유할 수 있는 역사문화공간이다. 현재 이 카페는 중구 개항장 일대를 찾는 시민들과 외지 관광객들이 한번쯤은 꼭 거쳐 가는 명소가 되었다.

인천의 문화단체인 해반문화사랑회에서 오랫동안 문화재보존운동을 전개해왔던 백영임 씨는 아무도 관심을 가지지 않던 이 일본 건축물의 역사적 가치에 주목했다. 그녀는 개인 재산을 들여 건축물을 매입한 후 최대한 원형 그대로를 살려 1년 가까이 수선 공사를 진행했다고 한다.

그렇게 수선 공사를 마친 후 복잡한 문화재 지정 절차를 직접 밟아 등록문화재로 지정받았다. 이 건축물은 인천 일본인 거류지에 현존하는 유일한 정가(마찌야) 양식 건물로서 건축사적인 가치가 높다. 뿐만 아니라 일제강점기 하역노동자의 노동력 착취 현장으로서 역사적 가치도 큰 것으로 평가되어 2013년 8월 등록문화재로 지정되었다.

카페 팟알에 가면 다양한 가배(커피)를 즐길 수 있을 뿐만 아니라 인천과 관련한 책과 사진엽서들도 만날 수 있다. 또 주인이 정성 들여 만들어내는 팥빙수도 맛볼 수 있다. 이곳이 일본인 조계였다는 점에 착안하여 일본의 나가사키 카스텔라를 판매하고 있기도 하다. 방문객들은 인천 개항장의 묻혀 있던 역사를 이 건축물을 통해 다시 만날 수 있다.

32 자유공원

최초 서구식 공원의 세 가지 이름

인천 중구, 야트막한 야산인 응봉산 정상에 자리하고 있는 자유공원은 탑골공원보다 먼저 만들어진 한국 최초의 서구식 공원(Public Garden)이다. 자유공원의 이름은 여러 번 바뀌었다. 그 이름이 변모해온 역사를 되돌아보면 공원에 아로새겨진 한국 근현대사의 여러 단면을 살펴볼 수 있다.

첫 번째 이름, 각국공원

자유공원이 1888년, 서양인들에 의해 서구식 공원으로 조성될 당시에는 각국공원 혹은 외국공원이라고 불렸다. 공원이 인천의 각국공동조계에 위치해 있었기 때문이다. 우리나라 최초의 서구식 공원은 그간 1897년 재무부 고문이었던 영국인

브라운에 의해 설계된 서울의 탑골공원으로 알려져 있는데, 각국공원은 이보다 9년이나 앞서 조성된 서구식 공원이다.

각국공원을 설계한 사람은 러시아 출신의 토목기사인 사바틴(A. I. Sabatin)이다. 사바틴은 1890년부터 1904년까지 조선과 대한제국에서 일했던 러시아 출신의 건축기사이다. 그는 개항기 조선에 여러 유럽식 건물을 지었는데 대한제국 고종 황제가 1년간 묵었던 러시아 공사관이 바로 그의 작품이다. 또한 그는 우리나라 최초의 세관 청사인 인천해관 청사(1883)를 필두로, 인천 최초의 서양식 건축물인 세창양행 사택(1884), 인천항 부두 접안시설(1884), 제물포구락부 본관(1889)과 별관(1901) 등을 설계했을 뿐만 아니라 1897년 파리의 개선문을 본떠 세워진 독립문도 설계했다. 덕수궁 정관헌(1900), 중명전(1901)과 손탁호텔(1902) 또한 그의 손을 거쳤다. 그는 을미사변 때 경복궁 건청궁에서 있었던 명성황후시해사건을 직접 목격한 2명의 외국인 중 한 사람으로, 명성황후의 최후에 대한 기록을 남긴 사람이기도 하다.

개항 초기 각국공원에는 인천 최초의 양관인 독일계 무역상사 세창양행의 사택이 지어졌고, 1900년대 들어서는 기상을 관측하는 기상대 건물과 시간을 알려주는 대포인 오포가 들어서면서 근대적인 생활 체계를 구축하는 장이 되었다. 각국공원에 위치한 서양인들의 사교클럽인 제물포구락부에는 최신식 당구장과 댄스홀까지 마련되어 인천에 서구문화를 전파하는 역할을 하기도 했다. 1904년 각국공원 정상에 건축된 영국인 존스톤의 별장은 특유의 아름다움으로 인천 개항장의 랜드마크 구실을 했다.

인천광역시립박물관 제공

각국공원 꼭대기에 자리 잡았던 세창양행 사택의 모습 세창양행은 독일산 면도칼, 바늘, 염료, 화약 등을 수입하여 판매하고 조선의 홍삼, 금 등을 유럽으로 수출하는 독일 회사였다. 이 사택은 인천항이 훤히 내려다보이는 각국공원 꼭대기에 위치하여 전망 좋은 집으로 유명했다고 한다. 유럽의 신전을 연상시키는 기둥에 조선의 기와지붕이 올라간 구조로 동서양의 건축기술이 혼합된 모습을 보여준다. 이 건물은 1920년대에는 인천부립도서관으로 사용되기도 하였다.

두 번째 이름, 서공원

경술국치 이후 1914년 외국인 거류지 제도가 철폐되고, 그 관리권이 각국거류지회에서 인천부로 이관되었다. 그 결과 각국공원은 일본식 공원으로 변모하게 된다. 1922년 일본인들이 중구 해안가의 인천여상 자리에 인천 신사를 중심으로 한 공원을 조성하고 이를 일본공원이라고 부르다가 뒷날 동공원(東公園)이라 개칭했다. 이때부터 각국공원은 동공원 맞은편에 위치하고 있다고 해서 '서공원(西公園)'이라고 불리기 시작했다.

각국공원 안에 있던 존스톤별장도 독일인이 인수했다가 1차 세계대전에서 독일이 패전하자 일본인이 인수하여 '인천각'이라는 요정 겸 음식점으로 변모했다. 세창양행의 사택 또한 인천부립도서관으로 바뀌었다. 일본인들이 서공원이라고 개칭하였음에도 대부분의 조선인들은 이 공원을 각국공원 혹은 만국공원이라고 불렀다고 한다. 그리고 마침내 1945년 일제가 패망하고 조선이 해방되면서 응봉산 일대의 공원은 자연스럽게 원래의 이름을 되찾아 만국공원이 되었다.

다른 어느 지역보다 일본인들이 많이 살고 있던 인천, 그 한가운데 위치한 각국공원에서 1919년 뜻깊은 민족운동이 일어났다는 사실은 널리 알려지지 않았다. 3·1운동 직후 대한민국 임시정부를 수립하려는 시도가 이곳 각국공원에서 이루어졌다. 3·1운동 직후 국내외 여러 곳에서 임시정부가 추진됐는데, 1919년 4월 23일 서울에서 수립·포고된 '한성임시정부'를 만들기 위한 모임이 바로 여기 인천 각국공원에서 있었던 것이다.

1919년 4월 2일 각국공원에서 13도 대표자 회의가 열렸고, 이를 바탕으로 4월 23일 한성임시정부가 정식으로 국민회의를 개최했다. 이곳에서 13도 대표자 회의가 열리도록 애쓰며, 한성임시정부의 산파 역할을 했던 분은 바로 풍산 홍씨 집안의 만오(晩悟) 홍진(洪震) 선생이었다. 그가 회의 장소로 서울이 아닌 인천을 택한 것은 관교동에 가문의 묘지가 있었던 데다 외국 조계들이 밀집했던 '각국공원'의 국제적 상징성을 감안했기 때문이었다고 한다.

세 번째 이름, 자유공원

각국공원이 지금의 자유공원이라는 이름으로 바뀌게 된 것은 1957년이다. 반공을 국시로 한 이승만 정권 하에서 인천상륙작전 7주년을 기념하여 인천의 만국공원을 '자유공원'이라 개명한 것이다. 더불어 이곳에 맥아더 동상을 세운 것은 한 시대의 이념을 상징한다. 1957년 4월 23일 국무회의 석상에서 맥아더 장군 동상을 건립하기로 한 정부는 5월 9일에 '맥아더장군동상건립위원회' 결성식 및 제1회 회합을 개최하고 사업을 추진했다.

정부와 '맥아더장군동상건립위원회'에서 애초에 동상 건립 지역으로 내정한 곳은 월미도 지역이었다. 그러나 제막식을 앞두고 동상 건립 장소를 월미도에서 만국공원으로 옮겼다. 동상건립위원회는 맥아더 장군이 불참한다는 통보를 받는 등 여러 우여곡절 끝에 10월 3일 개천절 오전 9시에 인천 만국공원에서 맥아더 동상 제막식을 성대하게 개최하였다.

이승만 정권이 불과 4개월 남짓 만에 맥아더 동상을 세워야 했던 것은 정권의 위기를 반공이라는 국시로 돌파하기 위해서였다. 맥아더 동상이 건립된 지 4개월 후인 1958년 1월 13일 진보당의 조봉암 당수가 간첩 혐의로 구속되고 진보당이 해산되었으며 1959년 7월 30일 조봉암 당수가 처형된 일련의 사태는 맥아더 동상 건립의 정치적 의미를 잘 보여준다.

맥아더 동상의 건립으로 진보적 정치인 조봉암 대신 자유 수호의 신화인 맥아더가 인천을 대표하는 인물로 부상하게 되었다. 만국공원이 자유공원으로 개칭된 것은 9월 30일 인천시가 명칭심사위원회를 열어 '9·15인천상륙작전의 자유의 십자군인 유엔군의 공로를 찬양하기 위한다'는 명분에서 바꾼 것이었다.

1982년엔 인천각이 위치했던 응봉산 정상에 한미수교 100주년 기념탑이 건립되었다. 최근에는 또 자유공원 팔각정 아래 부지가 개항 직후 미국 공사관 부지로 확인되면서, 이곳이 조선이 최초로 서양과 맺은 조약인 조미수호통상조약이 체결된 장소로 확인되기도 했으니, 자유공원을 미국공원이라고 해도 틀리지 않을 것 같다.

1950~60년대엔 신혼여행 필수 코스 중 하나였고 지금도 인천항 전체를 조망하기에 가장 좋은 인천 자유공원. 지난 시대가 부여한 이름을 넘어 우리는 이 공원을 어떻게 가꾸어 나가야 할 것인가?

33 인천그라운동장

고교 야구와 삼미 슈퍼스타즈의 추억

1호선 국철 도원역 전철역 문을 나서면 바로 앞에는 인천축구전용경기장이 위압적인 모습으로 자리하고 있다. 원래 이곳은 인천공설운동장과 숭의야구장이 있던 곳이다.

박민규의 장편소설 『삼미 슈퍼스타즈의 마지막 팬클럽』이나 영화 '슈퍼스타 감사용'으로 널리 알려지기도 했던 전설적인 인천 연고 프로야구팀 삼미 슈퍼스타즈가 1980년대 18연패를 비롯해 갖가지 기록적인 패전의 역사를 작성했던 곳이 인천공설운동장 야구장이었던 이곳이다. 이 야구장 옆으로는 축구장과 육상트랙이 함께 조성된 메인스타디움이 있었다. 이곳 숭의동 공설운동장을 인천 사람들은 인천그라운동장이라고 불렀다.

한국 근대 스포츠의 발상지

인천이 한국 근대 스포츠의 발상지라는 사실은 그리 널리 알려져 있지 않다. 영국에서 태동한 근대 축구는 한국에서는 인천을 통해 최초로 전파됐다. 인천항 개항 직전인 1882년 8월 인천 앞바다를 측량하기 위해 제물포에 상륙한 영국의 플라잉피쉬(Flying Fish)호 수병들이 제물포에서 축구 시합을 벌이고 돌아갈 때 축구공을 선사했다는 풍문이 전해져 내려온다. 향토사학자 조우성 선생은 이들이 축구 경기를 한 곳이 천연의 운동장 모양을 갖춘 웃터골 즉 현재의 제물포고등학교 자리라고 추정하기도 했다.

조우성 선생의 조사에 따르면, 인천은 또한 야구의 최초 도입지라고 한다. 한국체육사에 널리 알려지기로는 1901년 황성기독교청년회를 이끌었던 미국인 선교사 질레트(P. L. Gillett)가 이 땅에 최초로 야구를 전해주었다고 하지만, 1899년 인천영어야학회 학생들 사이에서는 이미 야구 경기가 일반화되어 있었다는 기록이 남아 있다.

당시 이 학교 학생이 남긴 일기 속에 '베이스볼이라는 서양 공치기를 했다'는 기록이 남아 있다. 그러나 한국 야구사에서는 정식으로 인정받지 못하고 있다. 비록 이 학생들이 인천에 들어온 일본인 학생들이라고 해도 인천에서 이미 1899년에 야구경기가 일반화돼 있었다는 것만큼은 부정하기 어렵다.

1882년 플라잉피쉬호 수병들이 축구 경기를 했을 것으로 추정되는 웃터골분지에 1920년 인천부가 운동장 공사를 한 후 인천부의 공설운동장을 개설했다. 그러고 보면 웃터골은 우리나라 근대 스포츠의 최초 발생지이자 인천 청년운동의 요람이었다. 당시 관청, 은행, 미두 취인소, 학교 등 인천의 각 기관마다 체육구락부가 결성되었고, 스포츠 붐이 일면서 웃터골에선 연일 다양한 경기가 열렸다. 웃터골에서는 자전거 경주대회, 초등학교 운동회, 연합 체육대회 등이 벌어졌다. 특히 야구 한일전이 있을 때면 장외 민족 대결까지 벌어져 일본 경찰이 관중을 해산시키는 일도 일어났다고 한다.

인천공설운동장과 숭의운동장의 추억

1934년 웃터골에 인천중학교가 개교함으로써 웃터골은 학교운동장이 되었고, 인천의 일본인들은 지금의 인천광역시 미추홀구 숭의동에 육상장, 야구장, 정구장 2면이 있는 종합경기장을 새로 건설했다. 이곳이 앞서 언급한 인천공설운동장이다.

일제강점기에 지어진 인천공설운동장은 1955년에 미군에게 지원받은 드럼통으로 공설운동장 담을 쌓는 등의 개보수작업을 벌였다. 1964년에 드디어 이곳에서 제45회 전국체전이 개최되었다. 이후 인천시는 제45회와 제59회 두 차례에 걸친 전국체전을 유치하면서 시설 확장 및 개보수를 지속적으로 시행하여 인천 체육의 기틀을 다졌다.

한국학중앙연구원 제공

지금은 철거된 인천공설운동장 인천 도원동에 있던 공설운동장은 1934년 준공되어 2008년에 철거될 때까지 74년 동안 인천을 지켰다. 화면 좌측에 보이는 운동장이 삼미슈퍼스타즈가 활약하던 야구장이고, 우측이 축구장, 육상경기장 등으로 쓰였던 메인스타디움이다.

인천공설운동장 야구장은 고교 야구의 전성기였던 1950년대부터 1970년대까지 당시 인천의 야구 명문고인 인천고와 동산고가 여러 차례 전국대회를 제패하면서 인천의 학생과 시민들로 인산인해를 이뤘다. 그리고 1982년 프로야구가 시작된 뒤로는 전설적인 삼미 슈퍼스타즈의 장명부, 감사용과 같은 투수들의 일화를 남긴 야구경기장이기도 하다.

삼미 슈퍼스타즈 최초의 히어로인 투수 장명부는 한국계 일본인으로 한국 프로야구 2년째인 1983년 삼미 슈퍼스타즈에 입단한다. 바로 그해에 그는 삼미 슈퍼스타즈에서 30승 16패 6세이브라는 대단한 기록을 남겼는데, 이 기록은 아직도 KBO리그의 단일 시즌 최다승 기록으로 남아 있다. 그는 427⅓이닝이라는 단일 시즌 최다 이닝 투구도 기록했으며 역대 선발 20승 이상 투수 중 가장 많은 최다 탈삼진(220개)과 최다 완봉승(6완봉승)의 기록도 남겼다. 허나 삼미에서 청보핀토스로 구단이 바뀐 1985년에는 단일 시즌 최다인 25패의 기록을 남기기도 했다.

원래 삼미철강 아마추어 야구팀의 선수였던 감사용 투수는 한국 프로야구 원년인 1982년에 삼미 슈퍼스타즈에 입단하여 선발 투수로 활약했다. 그는 아마추어 시절엔 뛰어난 선수였지만 프로 성적은 신통치 않았다. 그래서 장명부가 입단한 1983년 이후에는 패색이 짙은 경기에 패전 처리 투수로 투입되면서 '패전 처리 전문 투수'라는 별명을 얻었다. 이런 그의 이색적인 경력이 보통 사람의 위대한 도전이라는 모티브에 부합되었고, 그의 인생은 2004년에 '슈퍼스타 감사용' 이란 영화로 제작되어 인기를 끌기도 했다.

꼴찌를 상징하는 삼미 슈퍼스타즈의 퇴장 이후 인천공설운동장 야구장은 청보 핀토스, 태평양 돌핀스, 현대 유니콘스 등 인천 연고 구단들의 홈구장으로 사용되었다. 1998년 현대 유니콘스가 한국시리즈 6차전에서 신인왕 김수경의 호투로 LG를 5대 2로 격파하면서 종합전적 4승 2패로 대망의 한국시리즈 우승을 확정지었다. 인천 연고팀으로 현대가 사상 처음 프로야구 패권을 차지하기까지 17년간 인천공설운동장에는 인천시민들의 한숨이 켜켜이 쌓여 있었다.

인천의 대표적인 스포츠 요람이자 인천시민들의 애환이 함께한 인천공설운동장은 2002년 한일 월드컵에 맞춰 신축된 인천문학경기장에게 영광을 넘기면서 도시개발을 위해 철거되는 역사를 맞게 된다. 2008년 6월에 숭의지구 도시재생사업의 일환으로 인천공설운동장과 숭의야구장이 함께 철거되기에 이른 것이다.

인천축구전용경기장과 전도관

그러나 막상 대규모 아파트를 짓는 도시재생사업이 어려워지면서, 야구장이 자리했던 곳에 2012년 인천축구전용경기장이 새롭게 탄생했다. 이곳을 홈구장으로 사용하는 인천의 시민구단인 유나이티드 프로축구단은 재정적인 어려움 속에서도 열혈 서포터즈들의 응원에 힘입어 강등권을 아슬아슬하게 벗어나는 묘기를 부리면서 1부 리그를 굳건히 지키고 있다. 도심지에 위치한 인천문학경기장 야구장은 한국 프로야구의 새 명문구단으로 자리 잡은 SK 와이번스의 홈구장으로 사용되면서 인천시민들의 발길이 끊이지 않고 있다.

비록 지금 인천공설운동장과 숭의야구장의 흔적은 온데간데없고 인천축구전용경기장만 남아 있지만, 이곳을 방문하면서 도원역 건너편 언덕에 위치한 숭의동 109번지 달동네를 돌아보는 것도 좋다. 그곳에는 맘모스체육관과 함께 인천의 랜드마크 역할을 했던 거대한 전도관 건물이 자리하고 있다.

1890년에 건립된 구한말 미국공사 알렌의 여름별장이 있

인천축구전용경기장(위)과 숭의동 109번지 마을 풍경(아래) 인천공설운동장과 숭의야구장이 있던 자리에는 2012년에 건립된 인천축구전용경기장이 자리하고 있다. 근처 숭의동 109번지 일대는 주민 주도로 형성된 우각로 문화마을이 있다.

던 자리에 건립된 전도관은 '불의 사자' 또는 '동방의 의인'이라 불린 박태선 장로가 이끈 한국예수교전도관부흥협회(지금은 천부교)가 1957년 10월에 세운 것이다. 1978년 박태선 장로의 전도관은 이곳을 떠났지만, 전도관의 위용과 더불어 올망졸망한 단독주택과 달동네마을이 위치한 숭의동 109번지 일대에서는 '우각로 문화마을'이라는 주민 주도의 마을재생 운동이 펼쳐지기도 했다. 그 마을 언덕에 올라 지금은 사라진 마을사람들의 삶과 인천공설운동장의 함성을 떠올려보면 어떨까.

34 소월미도

사라진 우리나라 최초의 등대

옛사람들은 달빛과 별빛을 보며 밤바다를 헤맸을 것이다. 지금 우리에게는 그보다 확실한 불빛, 등대가 있다. 등대는 언제 우리나라에 들어왔을까? 1950년 인천상륙작전 당시 연합군의 인천상륙을 위해 등댓불을 밝혔던 곳, 바로 인천항에서 13.5km 남쪽에 떠 있는 팔미도 등대가 최초의 등대로 알려져 있다. 그런데 1903년 6월 팔미도 등대와 함께 세워진 또 하나의 등대가 있다. 그것이 바로 소월미도 등대다.

인천을 떠나던 일본인들

잘 있거라, 인천아. 이별 후에도 벚꽃은 무사히 피어나렴.

머나먼 고향에서 쓸쓸한 밤에는 꿈에도 울리겠지. 월미도야.
기차는 떠나가고 항구는 희미한데 이제 이별의 눈물로 외치나니
뜨거운 인사를 받아줘요. 그대여 고마웠어요, 부디 안녕!

이것은 1951년에 결성된 '후쿠오카 인천회'에서 출간한 『인천인양지(仁川引揚誌)』라는 책에 수록된 노래 가사이다. 태평양전쟁 당시 일본이 점령했던 서태평양 멜라네시아의 항구도시 라바울을 떠나면서 불렀던 일본 군가에 인천을 떠나는 일본인들의 심사를 얹어 부른 것이다. 1883년 인천 개항 이후 60여 년 동안 인천에 살았던 일본인 중 마지막까지 남아있던 약 100명이 1946년 3월 2일 인천역에서 기차를 타고 월미도를 굽어보며 마지막으로 집단 철수할 때 눈물을 흘리며 이 노래를 열창했다고 한다. 일본인들은 인천이란 도시를 자신들이 건설했다는 자부심으로 '조선의 소일본(小日本) 진센(Jinsen)'이라고 불렀다. 선대부터 대를 이어서 피땀 흘려 번 돈으로 마련했던 집과 토지를 남겨두고, 게다가 선조의 무덤까지 버려두고 떠나야만 했던 인천 일본인들의 안타까운 심경이 이 노래에 담겨 있다 하겠다.

이 노랫말이 수록된 『인천인양지』는 1945년 8월 15일 일

본 히로히토 천황의 항복을 알리는 육성 방송을 통해 패전이 확인된 직후, 일본 제국주의 국민으로 인천에서 대를 이어 살아왔던 일본인들이 황급히 가산을 정리해 모국 일본으로 철수, 귀환하는 과정을 일본인 2세인 고타니 마스지로가 기록한 책이다. 일본인들은 본토 귀환과 철수 과정을 '인양'이라고 표현했다. 일본 사람들은 비단 인천뿐만 아니라 경성, 부산, 목포 등에서 살다가 패전해 철수하면서, 다큐멘터리 형식으로 그들의 철수 과정을 기록으로 남겼다. 패전해 가산을 남겨두고 목숨만 챙겨 달아나는 와중에도 이런 책을 발간했다는 점이 놀랍다.

> 소화 20년 8월 15일의 중대한 방송으로 일본인들은 느닷없이 죽음의 골짜기로 추락하였음을 자각하게 되었다. (…) 눈앞의 문제는 일본인과 조선인의 지위가 뒤바뀐 것으로 오로지 조선인들의 습격이나 박해 및 생명 재산의 안전에 대한 두려움만 존재하였다.

이렇게 시작하는 『인천인양지』의 전편을 읽다 보면, 패전 당시 2만 명이 넘었던 인천의 일본인들이 뜻밖의 패전을 맞아 어떤 정신적 상황에 내몰렸고, 어떤 과정을 거쳐 공포에서 벗어나 치밀하고도 차분하게 인천에서 철수했는지 확인할 수 있다.

광복을 맞은 인천의 한국인들이 횃불을 들고 거리에 모여 독립 만세를 외치며 환호하는 모습을 고타니는 광희난무(狂喜亂舞) 즉 '미쳐서 웃고 어지러운 춤을 춘다'라고 표현했다. 패전한 일본인들에게 가장 두려웠던 것은 인천의 한국인들이 그동안 억눌렸던 감정으로 일본인들을 습격할지도 모른다는 것이었다. 그러나 한국인들이 일본인을 습격할 기미는 보이지 않았다. 문을 걸어 잠그고 전전긍긍했던 일본인들이 정신을 차리고 가장 먼저 시작한 일은 돈을 우체국에 예금하거나 일본으로 송금하는 일이었다.

『인천인양지』에 그려진 소월미도 등대
고타니 마스지로는 1945년 8월 27일 일본인들이 소월미도 등대를 폭파하고 떠난 사실을 기록하지 않았다.

인천부를 장악했던 일본 관리들은 이케다 인천부윤의 지휘 아래 일사불란하게 미군의 상륙에 대비한 퇴각 준비로 관청의 서류를 대대적으로 소각하여 그 연기가 하늘 높아 치솟아 올랐다고 한다. 8월 17일 오후 4시에는 이케다 부윤 등이 참여한 가운데 1890년 건립된 이후 인천 일본인들의 정신적 지주 역할을 했던 인천 신사의 신체(神體)를 신전에서 꺼내 한국인들 몰래 배를 이용해 특정 장소에 숨겼다고 한다. 이때 일본인들이 신사의 신체를 어디에 숨겼는지는 아직도 밝혀지지 않았다.

기록조차 남지 않은 소월미도 등대 폭파

인천 거주 일본인들이 저지른 악행들을 고타니 마스지로는 『인천인양지』에 기록하지 않고 은폐했다. 그중 하나가 바로 1903년 6월 한국 최초로 건설된 소월미도 등대를 1945년 8월 27일 폭파한 사건이다.

왜 일본인들은 소월미도 등대를 파괴했을까? 미군 선발대가 8월 25일 이미 인천에 상륙했음에도 불구하고 소월미도 등대를 어떤 연유로 폭파했는지는 아직도 정확히 밝혀지지 않았다. 우리나라 최초의 등대 중 하나인 소월미도 등대는 이렇게 일본인의 만행에 의해 파괴되고 그 기록조차 제대로 남지 않은 것이다.

1945년 9월 8일로 예정된 미군의 인천상륙작전은 인천의 일본인들에겐 또 다른 공포였다고 한다. 일본인들은 특히 부녀자들의 안위를 크게 우려했다. 그러나 걱정과는 달리 점령군으로 상륙한 미군은 인천의 치안을 일본 경찰에게 계속 맡겨버렸다. 치안을 담당한 일본군은 미군 상륙을 환영하기 위해 부두로 나왔던 군중을 향해 총부리를 겨눴다. 인천의 자치단체인 보안대의 지도자 권평근과 이석우가 일본 경찰이

인천해상교통관제센터
1945년 8월에 일본인들에 의해 폭파된 소월미도 등대 자리에는 현재 해상교통관제센터가 있다.

쏜 총에 희생된 것도 바로 이때이다.

8월 15일 일본천황의 항복 성명 발표 이후 불안에 떨었던 인천의 일본인들은 치밀한 준비와 미군의 안정적인 철수배려 조치 등에 힘입어 안전하게 인천을 탈출한다. 2만여 명의 인천 거주 일본인과 북한 땅에서 인천으로 내려온 수만 명의 일본인이 배편과 기차편으로 모두 일본으로 탈출했다.

끝까지 인천에 남았던 인천 일본인 세화회 100명이 마지막으로 인천을 떠난 것은 1946년 3월 2일. 1883년 인천항 개항 이래 한국인에게 행했던 온갖 악행과 피해에 대한 진심어린 사과는 끝내 없이, 월미도의 벚꽃을 그리며 '잘 있거라 인천아'를 부르며 일본인들은 그렇게 떠났다.

지금도 그때를 잊지 못하는 일본인들이 인천 개항장 일대를 찾아와 70년 전 인천을 그리워하는 모습을 어렵지 않게 만날 수 있다. 일제 식민 통치의 중추였던 인천부청 자리에는 인천중구청이 들어섰다. 일본인들의 정신적 신주가 모셔져 있는 인천 신사 자리에는 지금 인천여자상업고등학교가 있다. 학교의 돌계단이 일제강점기의 흔적을 보여준다.

일본인들이 폭파한 소월미도 등대 자리에는 인천항을 오가는 배들의 안전한 항해를 돕는 해상교통관제센터가 위치해 있다. 인천항 갑문을 사이에 두고 월미도와 마주 보고 있는 소월미도의 자그만 산등성이 흔적. 그 위에 자리 잡은 인천항 해상교통관제센터의 일부가 시민들에게 개방돼 있기도 하다. 그곳에 철수하던 일본인들의 마지막 만행을 지금이라도 기록으로 남겨놓아야 하지 않을까?

35 배다리역사문화마을

도깨비도 홀린 헌책방마을

드라마 '도깨비'가 인기를 끌면서 덩달아 주가를 올린 인천의 오래된 마을이 있다. 헌책방거리로 유명한 인천 배다리마을. 드라마의 주요 촬영지였던 배다리마을 '한미서점' 앞에는 한동안 인증샷을 찍는 청춘남녀들도 북적였다. 이후에도 다른 드라마와 영화의 배경이 되었던 배다리의 매력은 무엇일까?

한국 기독교와 근대교육의 산실

배다리는 인천 서민들이 모여 살던 오래된 마을이다. 배다리란 지명은 전국 여러 곳에 남아 있다. 인터넷에서 배다리를 검색하면 정조 임금이 배를 이어 붙여 다리를 만들어 건넜던 선교에 대한 소개가 나온다. 배다리는 대부분 배를 이어 붙여 다리를 놓은 데서 유래한다. 인천의 배다리도 배를 이어 만든, 배가 닿는 다리라는 의미로 불리기 시작했던 곳이다. 밀물 때면 선창포구를 따라 들어온 바닷물이 긴 갯고랑을 이뤄 배를 댈 수 있었다는 배다리마을.

1900년 완공된 경인철도는 인천을 남북으로 양분하면서 도시 공간을 차별화시킨 구분 선이 되었다. 일제강점기 일본인 중심의 남촌이 번창한 반면, 조선인들이 모여 살았던 북촌 마을들은 척박한 환경 속에서 어렵게 사는 도시의 양극화가 일어났다. 북촌의 변두리 지역 중에서 배다리마을 일대에서는 조선의 전통문화와 서구의 근대문화 간 퓨전이 일어났다.

1895년 내리교회의 선교사 조원시 목사가 한국 최초의 자립예배당을 배다리에 세웠다. 이후 이곳은 감리교회의 한국 서지방(인천·강화·남양·황해도 연안 등) 선교기지 역할을 담당했다. 김활란(金活蘭)을 비롯한 똑똑한 여학생들이 배다리 영화학교에서 공부를 한 후 이화학당에 진학해 나중에 한국 여성계의 지도자로 우뚝 섰다.

20세기 초엽에는 애국지사 정재홍(鄭在洪) 선생이 배다리와 인접한 우각리에 천기의숙을 설립했다. 이 학교는 조선인을 위한 초등교육기관으로 1907년 설립된 인천공립보통학교

(현 인천창영초등학교)의 모태였다. 인천공립보통학교는 1919년 3월 7일 인천 지역에서 최초로 인천상업학교와 동맹해 독립 만세운동을 주도한, 민족의식이 강한 조선인 학교였다. 배다리마을은 이렇듯 한국 기독교의 산실이었을 뿐만 아니라 인천 근대교육의 중심이었던 것이다.

배다리시장과 헌책방거리

배다리는 또한 일제강점기 서민들을 품어준 삶의 보금자리이기도 했다. 일제강점기 초기인 1915년 2월 14일자 〈매일신보〉에는 「배다리의 시장풍경」이란 제목의 기사가 실렸다. '인천의 제일 볼만한' 시장으로 배다리시장을 자세하게 소개한 기사이다. "(배다리시장은) 한번 들어갔다가 나오기도 매우 곤란할 뿐 아니라, (…) 각 촌의 어른, 아이들은 물론하고 행인이 연락부절"일 정도로 번성했던 시장으로 소개하고 있다. 또 "빈손으로 가는 자는 하나도 볼 수 없고, 손에 주렁주렁 이것저것 들고 가는 자도 있고, 짐을 진 자도 있으며, 소에 잔뜩 실은 자도 있어, 방긋방긋 웃으며 불이 나게 나가는 모양"이라고 생동감 넘치게 묘사했다.

이렇듯 배다리시장은 1910년대부터 수로와 육로를 통해

1948년 12월 배다리시장의 모습 배다리시장은 일제강점기부터 온갖 문물이 넘쳐나던 매우 크고 번창한 시장이었다. 2층짜리 목조 건물에 즐비하게 들어선 상점들과 좌판을 깔고 장사하는 상인들 사이로 오가는 사람들이 빼곡하다.

온갖 문물이 넘쳐났던 매우 크고 번창한 시장이었다. 장날이면 어김없이 인천의 서민들이 모여들었던 배다리시장의 모습은 해방 이후 6·25전쟁을 거치면서도 변하지 않는 인천의 낯익은 풍광이었다.

경인선이 지나는 배다리 철교에서 우각로 안쪽으로 이어지는 배다리거리 일대에는 해방 후에 하나둘씩 생긴 헌책방들이 줄지어 들어서면서 인천을 대표하는 헌책방거리로도 유명세를 탔다. 헌책방거리가 가장 번성했을 때 이곳엔 20여

배다리 헌책방거리 한때 20개가 넘는 헌책방이 있던 헌책방거리에는 현재 6개 정도의 헌책방이 남아 명맥을 유지하고 있다.

곳 이상의 헌책방이 즐비했다. 지금은 고작 6곳 정도의 헌책방이 남아 명맥을 유지하고 있지만, 이 거리는 인천의 지식인들을 길러낸 산실이었던 것이다.

1980년대 이전까지만 해도 중구의 경동과 유동, 도원동으로 이어지는 배다리 주변의 도로변은 철공소와 대장간, 죽재상과 각종 공구상이 전문상가를 형성해 번창하기도 했던 인천의 대표적인 상업지역이었다. 동인천 지역이 인천의 중심상권이었던 1970년대를 지나 1980년대부터 인천의 중심

배다리 관통 도로 부지 배다리마을을 남북으로 관통할 예정이었던 산업도로 부지는 도심 속 생태공원으로 가꿔져 배다리마을의 또 다른 명물이 되고 있다.

지가 주안을 거쳐 남동구 지역으로 이전하면서 배다리 일대도 점차 도시의 활력을 잃어갔다.

개발 광풍이 남긴 역사적 명소

도시 외곽에 고층 아파트단지가 속속 들어섰지만, 배다리 일대의 서민들은 이곳을 떠나지 못하고 지금껏 삶의 보금자리를 가꾸며 오늘도 이곳에서 살아가고 있다. 그러나 개발의 광풍은 배다리마을도 그냥 지나치지 않아서, 배다리마을을 남북으로 관통하는 산업도로 공사가 몰아닥쳤다. 배다리마을의 주민들은 평온한 마을을 관통하는 산업도로의 문제점을 알리고, 시민들의 지원을 얻어내면서 10년째 도로 개발 행정에 맞서고 있다.

배다리 관통 도로를 놓기 위해 주민들의 삶터를 밀어내고 조성한 도로 부지는 어느덧 푸른 녹지대가 되어 배다리마을의 새로운 명물이 되었다. 봄철의 유채꽃과 양귀비꽃으로 시작해 가을엔 코스모스 화원을 이루는 배다리 도로 부지를 주민들은 도심 속 생태공원으로 조성해가고 있다. 인천 역사문화의 상징으로, 또 무분별한 도시개발의 문제를 알리는 도시운동의 구심점으로 거듭나고 있는 배다리마을에 오늘은 또 어떤 드라마가 촬영 중일까?

36 애관극장

100년 넘은 극장에서 영화를 보다

요즘 사람들은 PC방에 가거나, 커피전문점에서 노트북을 켜 놓고 게임을 즐기거나, 유튜브로 다양한 영상을 소비하면서 여가를 즐긴다. 그러나 시간을 조금만 거슬러 올라가면 80년대의 젊은이들에게는 여가를 보낼 장소가 그리 많지는 않았다. 연인들이 빵집이나 커피숍에서 시간을 보내다가 둘만의 시간을 즐기기 위해서 즐겨 찾은 곳이 바로 영화관이었다.

인천의 일본인 극장과 조선인 극장

신산했던 일제강점기의 백성들이 고통스러운 현실을 잊고자 찾아가고 위안을 받기도 했던 곳. 때로는 현실의 고단함을 이겨낼 힘을 얻기도 했던 곳이 극장이었다. 인천에도 그렇게 인천시민들의 심금을 울리던 오래된 극장이 하나 있었다.

> 인천 조선인 측 극장으로는 용리(龍里)에 있었던 바 건축한 지 오랠 뿐 아니라 그 경영자 정치국(丁致國) 씨가 세상을 떠난 후에 특히 수리도 아니 하야 그나마 창파벽퇴(窓破壁頹)하야 간혹 연극단(演劇團)이 인천에 들어올지라도 일본인 경영인 극장을 빌어 쓰는 상황이었는데 인천 유지(有志) 김윤복(金允福) 씨는 조선인측으로 상당(相當)한 극장 하나이 없음을 유감으로 여기어 수만의 금전을 비(費)하야 그간 신축에 착수하였든 바 금번 그 신축이 낙성(落成)하였음으로 지난 10일에 신축낙성식을 성대히 거행하였다는데 금후 조선인측 공공적 모임에는 언제던지 공개한다더라.
>
> —「인천 애관 낙성식」[11]

이 기사는 인천의 유지인 김윤복이라는 사람이 오래된 조선인 전용극장을 수리하여 낙성식을 거행하면서 조선인들을 위한 극장으로 활용하기로 했다는 내용이다. 이 극장이 바로

11 〈동아일보〉, 1927년 10월 13일.

애관(愛館)이라는 극장이다. 그렇다면 이 극장은 언제 처음 만들어진 것일까? 근대문물이 조선으로 들어오는 관문이었던 인천에는 일찍부터 근대적인 극장이 설립되어 연극 공연이 이루어졌고 또 많은 전문극단이 인천을 방문하여 수준 높은 공연을 상연하였다.

인천에 최초의 실내극장을 설립한 것은 인천의 일본인들이었다. 조선의 연희는 대부분 실외극이기 때문에 특별히 극장을 필요로 하지 않았지만, 일본의 연희는 실내극이 대부분이었기에 일본인을 위한 극장이 필요했다. 그래서 인천 거주 일본인들이 1892년 5월 인천에 최초의 실내극장인 인부좌(仁富座)를 설립했다. 이 극장은 명칭 그대로 인천에서 부를 추구하는 일본인들을 위한 극장이었다.

한편, 인천의 조선인들을 위한 극장도 탄생한다. 그것이 바로 애관이라는 극장의 전신인 협률사(協律舍)이다. 설립된 시기는 정확하지는 않지만 1895년 직후인 것으로 추정된다. 부산 출신의 부호였던 정치국이라는 사람이 인천에서 사업을 하면서 중구 용동에 협률사라는 실내극장을 세웠다는 사실이 여러 기록을 통해 간접적으로 확인된다. 그간 연극학계에서 한국 최초의 근대식 극장이라고 통용되던 서울의 협률

1948년 애관극장(위)과 현재의 애관극장(아래) 1930년대 이후 애관극장은 활동사진관으로 유명했다. 애관극장은 국내외의 영화를 상영하면서 해방 이후 오늘날까지도 그 명맥을 유지하고 있다. 고단했던 시절, 인천부민들의 심금을 울리던 애관극장이 있었기에 인천에서 극작가 진우촌과 함세덕, 영화배우 정암, 무대장치가 원우전, 명배우 서일성 등을 배출할 수 있었던 것은 아니었을까.

사(協律社, 후에 '원각사'로 개칭)보다 7년 빨리 개설된 셈이다. 다만, 증언에 기초한 간접적 기록만 남아 있을 뿐, 이를 확증한 사료가 나타나지 않아서 인천의 협률사는 학계로부터는 최초의 극장으로 인정받지 못하고 있다.

최초의 실내극장인 협률사에서는 판소리를 근대적으로 변형시킨 창극을 비롯한 다양한 전통예술이 무대에 올랐을 것으로 추정된다. 그러나 1910년대 들어서 '축항사(築港舍)'로 이름을 바꾸면서 축항사 무대에는 일본의 영향을 받은 근대적인 연극의 과도기적 양식인 '신파극'이 주로 올라갔다.

조선인들을 위한 극장인 협률사와 축항사가 흥행 가도를 달리고 있을 때, 인천의 일본인들도 인부좌에 이어 '인천좌(仁川座)'와 '가부키좌(歌舞伎座)'를 각각 1897년과 1905년에 설립했으니, 인천에는 실내극장이 세 개 이상 운영되었던 셈이다. 여기에 더해 1909년에는 중구 신생동에 '표관(瓢館)'이라는 활동사진 전용극장도 생겨나기에 이른다. 인천이 근대적인 연극과 영화의 주요한 소비처였던 셈이다. 이들 여러 극장 가운데서도 조선인들의 극장인 축항사와 일본인들의 극장인 가부키좌는 1910년대에 치열한 경쟁을 벌였을 것으로 추정된다. 축항사에서는 유명한 임성구의 '혁신단'을 비롯한 한국의 신파극단들이 주로 무대에 올랐고, 가부키좌에서는 일본의 신파극단들이 줄지어 방문해 신파극을 무대에 올렸다.

120년간 인천시민과 함께한 극장

'축항사'는 1915년 무렵 극장 이름을 '애관'으로 바꾸어 내려오다가 1920년대에 들어서서 연극과 함께 간간이 활동사진도 틀기 시작했다. 특히 1920년대 들어서는 '신극좌', '민중극단', '토월회', '신무대' 등 많은 근대극단들이 애관극장 무대에서 신극과 소인극 같은 근대연극을 무대에 올려 인천시민의 사랑을 받았다. 1930년대 이후에는 애관극장이 활동사진관으로 크게 이름을 떨쳤고, 지금도 인천시민들의 휴식과 문화를 위한 공간으로 남아 있다.

지금은 그 시절의 그 오래고 허름한 극장들 동방, 인형, 미림, 오성, 현대, 도원, 인천, 문화극장 등이 하나둘 문을 닫고, 재벌기업들이 운영하는 초대형 멀티플렉스 영화관이 대세를 이루고 있다. 2017년 유서 깊은 애관극장이 경영난을 이겨내지 못해 극장을 매각한다는 소문이 퍼지자 인천시민들이 나서 '애관극장을 사랑하는 시민 모임'을 결성하고 극장 살리기 운동에 나서기도 했다. 한국 최초의 실내극장이자 인천시민들과 고단한 역사를 함께했던 애관극장을 지키고 살려내는 일이야말로 인천의 마지막 자존심을 지켜내는 일 아닐까?

중구

❶ 월미도 : 인천상륙작전, 네이팜탄 폭격사건으로 민간인 수백 명이 학살된 아픔이 있는 전쟁과 평화의 섬

❹ 대불호텔 : 우리나라 최초의 서양식 호텔이 있던 자리. 당시 모습으로 복원된 전시관에서 개항기와 1960~70년대 인천의 생활상과 풍경을 만날 수 있다.

❺ 인천항 : 한국의 개항을 선도했던 항구. 백범 김구 선생이 노역하던 항구이나, 현재 일반인들에게 개방된 곳은 제8부두뿐이다.

❻ 연안부두 : 연안여객터미널과 회센터가 있지만 러일전쟁 당시 침몰한 러시아 수병들의 추모비도 세워져 있다.

❾ 차이나타운 : 청나라 사람들이 모여 살던 곳에서 인천을 대표하는 관광지로 거듭난 곳. 국민 음식 짜장면은 이곳에서 탄생했다.

⓬ 북성포구 : 배 위의 생선시장인 파시가 열리는 곳

⓮ 시립율목도서관 : 인천의 문화적 성숙도를 보고 싶다면 우리나라 최초의 공립도서관으로.

⓯ 인현동 : 인천 학생들의 추억과 아픔이 서린 곳. 인현동 화재참사의 희생자를 추모하고 삼치골목에서 막걸리 한잔

⓰ 내리교회 : 한국 개신교회의 뿌리를 만날 수 있는 곳

⓱ 성공회성당 : 토착문화와 잘 융합했던 초기 성공회의 자취를 만날 수 있는 곳

⓲ 신포시장 : 개항장 인천에 세워진 최초의 상설시장. 50년 넘는 노포가 즐비한 먹거리 천국

⓳ 경인면옥 : 3대째 이어지고 있는, 인천 사람이라면 안 먹어본 사람이 없다는 평양냉면집

㉓ 인천가톨릭회관 : 인천 6월항쟁의 근거지이자 민주항쟁의 성지. 지금은 철거되어 터만 남아 있다.

㉕ 한국이민사박물관 : 한국 이민의 역사를 보여주는 특별전시가 꾸준히 열리는 곳

㉗ 웃터골운동장 : 식민지시대 뜨거운 한일전이 펼쳐지던 운동장. 현재 제물포고등학교 자리

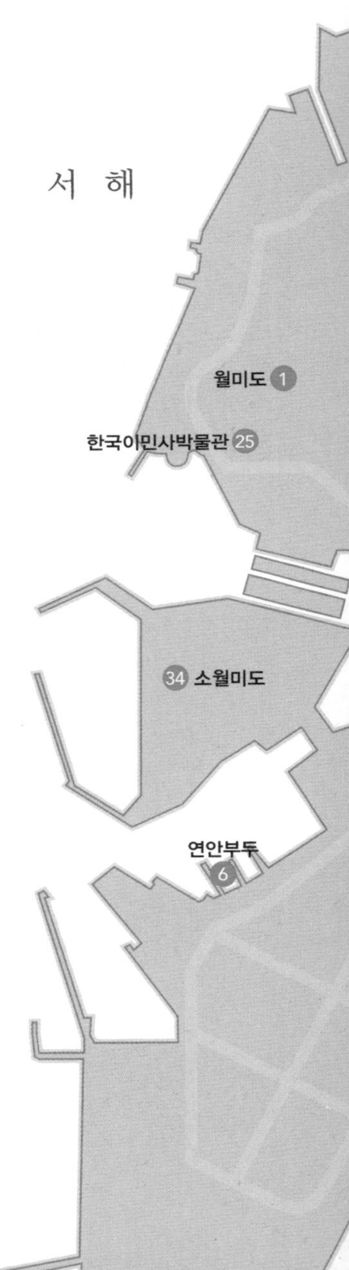

인천
동구
12 북성포구
인천역
차이나타운 9
27 웃터골운동장
32 자유공원
15 인현동
대불호텔 4
성공회성당 17
16 내리교회
애관극장
경인면옥 19
36
31 싸리재
신포시장 18
23
30 답동성당
인천가톨릭회관
14 시립율목도서관
5 인천항
중구
미추홀구
30 답동성당 : 120년 넘는 세월 동안 한자리에서 사회적 약자를 보듬어온 성당
31 싸리재 : 일제강점기 일본인에 밀려난 조선인들이 모여 살던 곳. 80년이 넘은 한옥을 그대로 살린 '카페 싸리재'에서 커피 한잔
32 자유공원 : 각국공원, 만국공원, 서공원, 자유공원. 이름의 변천사를 알면 더 많은 것이 보이는 곳. 인천상륙작전을 기념하기 위한 맥아더 장군의 동상이 있다.
34 소월미도 : 우리나라 최초의 등대가 있던 곳. 해방 후 인천을 떠나던 일본인들이 무참히 폭파해 기록조차 남아 있지 않다.
36 애관극장 : 100년 넘은 극장에서 최신영화를 보는 특별한 기분을 맛볼 수 있는 곳

계양구·부평구·동구 미추홀구·연수구·남동구

계양구

⑳ 계양산 : 경인아라뱃길이 한눈에 내려다 보이는 인천에서 가장 높은 산.

부평구

⑧ 부평 문화의 거리 : 부평의 대표적인 번화가이자 젊음의 거리. 일명 평리단길로 불린다.

⑧ 부평지하상가 : 세계 최대의 점포 수로 기네스북에도 등재된 지하상가. 길을 잃지 않도록 주의할 것

㉑ ㉒ 부평캠프마켓 : 일제시대 무기공장에서 미군기지까지. 한국 근현대사의 비극의 상징

동구

⑩ 화도진 : 흥선대원군이 인천 방어를 위해 만든 군영지. 이곳에서 조미수호통상조약이 체결된 것으로 잘못 알려져 있다.

⑬ 동일방직공장 : 1930년대부터 1970년대까지 도도히 이어진 여성노동운동의 산실

㉖ 수도국산 달동네박물관 : 가파른 언덕 위 박물관에서 느껴보는 서민의 애환과 정

㉟ 배다리역사문화마을 : 인천 서민들을 품어준 오래된 마을. 해방 후 생긴 헌책방들이 남아 있어 그 정취를 느낄 수 있다.

미추홀구

② 문학산 : 인천의 심장부에 위치해 파괴와 재건의 역사를 거듭해온 산. 정상에 올라서면 인천 전체를 한눈에 조망할 수 있다.

㉔ 인하대학교 : 하와이 이민자들의 땀과 공업입국의 꿈이 세운 대학

㉘ 주안염전 : 우리나라 최초의 천일염전 지대. 염전은 사라졌지만 인천짠물의 생명력이 살아 있는 곳

㉙ 맘모스체육관 : 동양 최고를 뽐내는 거대한 체육관이었으나 철거되고 그 자리에 아파트단지가 들어섬

㉝ 인천그라운동장: 인천 근대 스포츠의 발상지. 현 인천축구전용경기장

연수구

⑦ 송도유원지 : 일제강점기에 개장해 월미도유원지와 어깨를 나란히 하던 곳. 2011년 폐장하여 현재는 중고차 야적장으로 쓰이고 있다.

남동구

③ 소래포구 : 바다에서 포구로 돌아오는 어선들과 붉게 물드는 포구의 황혼을 볼 수 있는 곳. 협궤열차가 달리던 철길을 걸어갈 수 있다.

⑪ 구월동 : 인천의 핫플레이스를 방문하고 싶다면 구월동의 로데오거리와 먹자골목으로.

경인아라뱃길
20 계양산
서구청
청라국제도시
계양구
계양구청
서구
부평캠프마켓 1 21
22 부평캠프마켓 2
부평구청
부평구
부천시
부평지하상가 8
8 부평 문화의 거리
동일방직공장
동구
13
10 화도진
26 수도국산 달동네박물관
동구청
맘모스체육관
배다리역사문화마을 35
29
인천항
28 주안염전
인천그라운동장 33
미추홀구청
중구
미추홀구
24 인하대학교
인천시청
남동구청
11 구월동
인천종합터미널
2 문학산
남동구
송도신도시
연수구청
7 송도유원지
3 소래포구
남동국가산업단지
연수구
서 해
시흥시

고조선	백제 초기	1413	1875	1879
단군이 하늘에 제사를 드리던 참성단과 단군의 세 아들이 쌓았다고 전해지는 삼랑성이 모두 인천의 강화도에 위치	주몽의 아들 비류가 남하하여 문학산 일대에 인천의 기원인 '미추홀국(彌鄒忽國)'을 세움	10월 15일 인주(仁州)에서 인천군(仁川郡)으로 지명이 바뀜	영종도에 일본군이 무단 상륙하는 운요호사건 발발	7월 1일 인천 방어를 위해 화도진 설치

1890	1895	1897	1899	1903
신포동 41번지에 최초의 어시장 개설 9월 29일 영국 성공회 코프 주교와 의사 랜디스가 입국하면서 성공회 포교 시작	최초의 실내극장 협률사(애관극장) 개관	7월 천주교 답동성당 건립	9월 18일 경인철도(노량진-인천) 운행 개시	1월 13일 대한제국 최초의 노동 이민 시작 101명의 조선인이 하와이 사탕수수농장 노동자로 이민 6월 최초의 등대인 팔미도 등대와 소월미도 등대 설치

1920	1922	1935	1936	1937
인천의 공설운동장이었던 웃터골운동장 개장	1월 6일 최초의 공립도서관인 인천부립도서관 개관	웃터골운동장 터에 일본인 학생들을 위한 인천중학교 설립	동양방적공장 노동운동 발생	일제가 수탈을 목적으로 수인선 협궤열차 부설 5월 송도해수욕장 개장

1882	1883	1884	1885	1888
5월 22일 조미수호통상조약 체결	일제에 의한 제물포 개항	최초의 서양식 호텔인 대불호텔 영업 시작	4월 5일 미국 선교사인 언더우드와 아펜젤러가 입국하면서 개신교 포교 시작	최초의 서구식 공원인 각국공원 개장

1904	1905	1906	1911	1918
2월 9일 제물포항에서 러일전쟁 발발	청관거리에서 최초로 짜장면을 팔았던 '공화춘' 개업	최초의 천일염전인 주안염전 개전	6월 백범 김구 선생도 동원되었던 인천항 갑문 공사 시작	일제가 월미도를 풍치지구로 지정하고 관광지로 개발하기 시작 대불호텔 자리에 중화루 개점 10월 27일 인천항 갑문 완공

1941	1945	1946	1950	1951
5월 5일 부평에 무기를 만드는 공장인 일본 육군 조병창 개창	송도해수욕장 폐장 8월 27일 일제에 의해 소월미도 등대 폭파 9월 16일 부평 조병창을 미군이 접수하여 애스컴(ASCOM) 설치	12월 시립율목도서관 개관 경인식당(경인 면옥) 개점	9월 15일 인천상륙작전의 첫 목표 지점인 월미도 상륙. 이를 계기로 월미도 지역에 미군부대 주둔 시작	11월 일제강점기부터 운영되던 신포동 어시장과 푸성귀시장 자리에 신포시장 개설

1954	1962	1971	1973	1974
2월 인하공업전문대학교 개교 8월 13일 웃터골운동장 터에 제물포 고등학교 설립	문학산 정상에 미군부대 주둔 시작	11월 인하대학교의 종합대학 인가	맘모스체육관으로 불리던 선인체육관 개관	갯벌을 매립하여 연안부두를 조성

1995	1999	2001	2004	2005
3월 1일 인천광역시로 승격 12월 31일 수인선 협궤열차 폐쇄	10월 6일 인천도시철도 1호선 개통 10월 30일 인현동 화재참사 발생	10월 제1회 소래포구 축제 개최 10월 13일 50년간 미군부대였던 월미산을 인천시가 매입하여 월미공원으로 개방	2월 8일 연안부두에 러시아 정부가 러일전쟁 전사자 추모비 건립	차이나타운에서 제1회 짜장면 축제 개최 10월 25일 수도국산 달동네박물관 개관

2016	2018
6월 인천 내항 중 제8부두를 일반인들에게 개방	4월 6일 대불호텔 전시관 개관 5월 13일 친일파 송병준 후손의 부평캠프마켓 땅 소환 소송 패소 판결 대법원 판결로 계양산 골프장 건설 계획 백지화

1978	1981	1985	1986	1990
2월 21일 동일방직 똥물사건 발생	**7월 1일** 인천시에서 인천직할시로 승격	6·25전쟁 당시 불탄 화도진 복원 	**5월 3일** 6월민주항쟁의 도화선이 된 5·3인천항쟁 발생	**2월** 제1회 화도진 축제 개최

2008	2011	2013	2014	2015
6월 13일 한국이민사박물관 개관	송도유원지 폐장	**7월** 국방부 미군기지이전 사업단과 '반환 예정 미군기지(캠프마켓) 관리 및 처분 협약' 체결 **8월 3일** 맘모스체육관 철거	**11월** 부평지하상가 '단일 면적 세계 최다 점포'로 기네스북에 등재	**10월 15일** 문학산 정상 개방

참고 자료

고일, 『인천석금』, 경기문화사, 1955.

김갑봉, 「평양냉면이 몰고 온 평화의 바람 '냉면 전성시대'」, 〈인천투데이〉, 2018. 5. 2.

김창수, 「인천 대불호텔·중화루의 변천사 자료연구」, 〈인천학연구〉 13호, 2010.

김현석, 「부평미군기지의 역사와 기지 '반환'의 성격」, 〈박물관지〉 16, 인하대박물관, 2014

배성수, 『시간을 담은 길 : 경인가로 따라 인천을 걷다』, 글누림, 2016.

손장원, 『손장원의 다시 쓰는 인천 근대 건축』, 간향미디어랩, 2006.

오종원, 조우성, 김홍전, 김윤식, 『간추린 인천사』, 인천학연구소, 1999.

유동현, 『시대의 길목 개항장 : 제물포를 드나든 에피소드』, 글누림, 2016.

유중하, 『화교문화를 읽는 눈, 짜장면』, 한겨레출판, 2012.

윤진호, 「개항기 인천항 부두노동자들의 생존권 투쟁」, 〈황해문화〉 2014년 여름호.

이영호, 『개항도시 제물포』, 민속원, 2017.

이훈익, 『인천지지』, 대한노인회 인천직할시연합회, 1987.

이희환, 『이방인의 눈에 비친 제물포 : 인천개항사를 통해 본 식민근대』, 인천문화재단, 2011.

이희환, 『문학으로 인천을 읽다』, 작가들, 2010.

이희환, 『인천아, 너는 엇더한 도시? : 근대도시 인천의 역사·문화·공간』, 역락, 2008.

이희환, 『인천문화를 찾아서』, 다인아트, 2003.

인천광역시 역사자료관 역사문화연구실, 『인천 개항장 풍경』, 2006.

조남현 외 엮음, 『한국문학선집 : 1900~2000』 제2권, 문학과지성사, 2007.

조우성, 『인천이야기 100장면』, 인아트, 2004.

최성연, 『개항과 양관역정』, 경기문화사, 1959.

한만송, 『캠프마켓: 아픈 희망의 역사 부평미군기지를 말하다』, 봉구네책방, 2013.

대한민국 도슨트

한국의 땅과 사람에 관한 이야기

다시, 한국의 땅과 한국 사람에 관한 이야기를 시작하다

이중환의 『택리지』, 김정호의 『대동지지』, 뿌리깊은나무 『한국의 발견(전 11권)』(1983)은 시대별로 전국을 직접 발로 뛰며 우리의 땅과 사람, 문화를 기록한 인문지리지들이다. 이 선구자들이 있었기에 우리는 오늘날까지 스스로를 보다 잘 이해하고 발전시켜올 수 있었다.

기록되지 않는 것은 시간이 흐르면 사라진다. 특히 정규 교과에서 깊이 다루지 않는 1970~80년대 이후의 한국은 젊은 세대에게는 미지의 영역이나 다름없다. 대한민국 도슨트 시리즈는 더 늦기 전에 한국의 오늘을 이야기하고자 한다.

하나의 지역이 한 권의 책으로

각 지역의 고유한 특징을 깊이 있게 담아내고자 독립된 시·군단위를 각각 한 권의 책으로 기획했다. 그리고 목차는 답사하기 좋도록 대표적인 장소 중심으로 구성하였다. 오래된 문화유산과 빼어난 자연환경은 물론, 지금 가장 활발하게 움직이는 곳이나 역동적으로 태동 중인 곳들도 담아내려고 노력했다.

이들 장소에는 그곳을 거쳐간 수많은 사람들의 기억과 경험이 누적되어 있다. 그것들을 살려내 가급적 쉬운 언어로 풀어내고자 애썼다.

지역의 시선이 고스란히 담긴 특별한 안내서

각 지역의 도슨트는 해당 지역에 거주하거나, 지역과 깊은 연고가 있는 분들이다. 오랫동안 가까이에서 지역의 변천사를 지켜봐온 저자들이 유의미한 공간들을 찾고 고유한 이야기를 풀었다. 이 시리즈가 지역의 거주민들과 깊이 있는 여행을 원하는 이들 모두에게 새로운 발견과 탐구의 출발점이 되었으면 한다.

대한민국 도슨트 시리즈 목록

01 속초

근대 이후 속초는 어느 도시보다 빠르게 변화했다. 그 변화는 현재도 진행 중이다. 실향민의 도시에서 가장 트렌디한 도시로.

김영건 지음

02 인천

인천은 미지의 세계를 향해 처음으로 문을 연 용기와 모험의 도시다. 이 흥미로운 도시는 그 자체가 연구해야 할 거대한 텍스트이다.

이희환 지음

03 목포

목포는 모두에게 다른 의미의 도시다. 서해 남쪽바다에서 내륙으로 통하는 길목에 위치한 이 작은 도시는 한국사에서 단 한 번도 중요하지 않은 적이 없었다.

최성환 지음

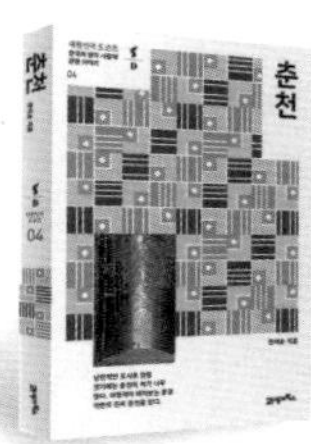

04 춘천

낭만적인 도시로 한정 짓기에는 춘천의 켜가 너무 많다. 여행객이 바라보는 풍경 이면의 진짜 춘천을 읽다.

전석순 지음

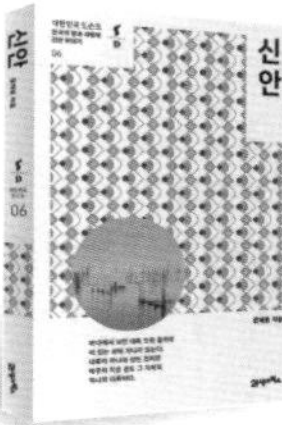

05 신안

총 1,025개의 섬으로 이루어진 섬들의 천국. 이 천국에는 우리가 지켜내야 할 것이 너무 많다.

강제윤 지음

06 통영

통영은 늘 사람들을 불러들인다. 지방의 소도시 중 통영만큼 외지인을 끌어당기는 도시도 드물다.

이서후 지음

07 군산

군산의 시간은 꿈틀거린다. 근대가 남긴 이 도시의 유산들은 더 이상 지난 과거가 아니다.

배지영 지음

08 제주 동쪽

1만 8천 신들의 본향이자 강인한 해녀들의 땅인 제주 동쪽 성산에는 우리가 기억하고 지켜야 할 것들이 있다.

한진오 지음

09 제주 북쪽

제주의 처음이자 끝인 산북은 제주 설룬 사람들이 모이는 곳이고, 제주의 이야기가 시작되어 노래가 되어 감장 돌다 허물어지는 곳이다.

현택훈 지음

* 대한민국 도슨트 시리즈는 계속 출간됩니다.
** 발간 순서는 사정에 의해 변경될 수 있습니다.

대한민국 도슨트 02

인천

1판 1쇄 발행 2019년 10월 29일
1판 2쇄 발행 2023년 7월 1일

지은이 이희환
펴낸이 김영곤
펴낸곳 ㈜북이십일 21세기북스

책임편집 조문경
문학팀 김지연 임정우 원보람
출판마케팅영업본부장 민안기
마케팅2팀 나은경 정유진 박보미 백다희
출판영업팀 최명열 김다운
제작팀 이영민 권경민
디자인 02정보디자인연구소
일러스트 윤아림
사진 김종하 김지연 스튜디오다홍

출판등록 2000년 5월 6일 제406-2003-061호
주소 (10881) 경기도 파주시 회동길 201(문발동)
대표전화 031-955-2100 **팩스** 031-955-2151 **이메일** book21@book21.co.kr

(주)북이십일 경계를 허무는 콘텐츠 리더

ISBN 978-89-509-8257-7 04900
978-89-509-8258-4 04900(세트)

책값은 뒤표지에 있습니다.